당신의
경제IQ를
높여라

당신의 경제IQ를 높여라

경제학 교수가 들려주는 돈과 인생 이야기

2023년 11월 3일 초판 1쇄 발행

지 은 이 | 한순구
펴 낸 곳 | 삼성글로벌리서치
펴 낸 이 | 차문중
출판등록 | 제1991-000067호
등록일자 | 1991년 10월 12일
주　　소 | 서울특별시 서초구 서초대로74길 4(서초동) 삼성생명서초타워
전　　화 | 02-3780-8153(기획), 02-3780-8084(마케팅)
팩　　스 | 02-3780-8152
이 메 일 | sgrbooks@samsung.com

ⓒ 한순구 2023
ISBN | 978-89-7633-128-1 03320

삼성글로벌리서치의 도서정보는 이렇게도 보실 수 있습니다.
홈페이지(http://www.samsungsgr.com/) → SGR BOOKS

경제학 교수가 들려주는
돈과 인생 이야기

당신의
경제IQ를
높여라

― 한순구 지음 ―

삼성글로벌리서치

빠르게 변화하는 세상에 맞닥뜨리며 장래에 대한 불확실성에 불안해하는 우리 청년들이 경제적 자립을 이룰 수 있도록 돕는 조언을 담은 책이다. 큰돈을 벌 기회를 쫓아다니기에 앞서 지출을 줄이는 것이 먼저라는 평범한 진리를 다시 한번 되새기게 한다. 저자가 마지막 장에 지적했듯이 새로운 기술이 일자리를 빼앗아 갈 것이라는 우려는 기술혁명이 일어날 때면 늘 있었다. 새로운 기술은 전통적 기술에 기반한 일자리는 파괴하지만 궁극적으로 과거에는 상상조차 할 수 없었던 더 좋은 양질의 일자리를 창출한다는 것은 지난 세 번의 산업혁명을 통해 역사적으로 증명되었다. 이번에도 예외는 아닐 것이라고 조심스럽게 낙관해본다. 우리 젊은이들이 이 책을 통해 미래에 대한 불안을 조금이나마 떨치고 희망을 갖고 자기개발에 더 정진해주기를 바란다.

───────── **장용성** 서울대학교 경제학부 교수, 금융통화위원회 위원

이 책은 경제학 교수의 '경제학 실천기'라고 할 수 있다. 저자 한순구 교수는 20년 넘게 강의해온 경제학의 여러 내용을 일상생활에 어떻게 적용하고 실천할 수 있는지를 자신의 삶을 예로 들면서 설명한다. 저자의 말처럼 경제학은 그야말로 행복한 삶을 유지하는 최적의 길을 알려주는 원리이다. 저자는 책에서 저축의 필요성, 위험자산에 대한 투자, 미래의 불확실성에 대처해야 하는 경제적 이유와 방법까지 자세히 알려준다. 특히 나이와 학습 효과의 상관 관계에 대한 저자의 시각은 젊은이들이 꼭 눈여겨보고 실천하길 바라는 부분이다. 책의 말미에는 AI와 고령화, 미국의 위상 변화 가능성 등이 가져올 시대 변화에 대한 전망과 대처 방안까지 제시하여 경제계획을 세우는 데 보다 입체적인 시각을 가질 수 있도록 했다.

일상에서 바로 활용할 수 있는 정보와 조언을 담은 책이지만 경제학 수업의 보조 교재로도 좋을 듯하다. 복잡한 수식과 그래프의 함의가 강의실에 머물지 않고 실생활에서의 경제적 의사결정에 실제로 활용되는 다양한 예를 담고 있기 때문이다. 서점의 매대에 진열된 많은 경제학 관련 서적과 차별되는 부분이다. 경제학을 배우고 또 업으로 살아가는 이코노미스트로서 오랜만에 지인들에게 추천할 만한 책이 출간되어 매우 흡족하다.

장재철 KB국민은행 수석이코노미스트/본부장

경제학 교수가 직접 살아본
경제학 원칙에 충실한 삶이란?

"Offense Gets the Glory, but Defense Wins the Games."

"환호를 받는 것은 공격이지만 게임을 이기는 것은 수비다."라는 뜻으로, 미국에서 자주 쓰는 스포츠 격언이다. 예컨대 축구에서는 화려하게 공을 몰고 가 멋진 슈팅을 날리는 선수가 가장 인기가 있다. 관중들은 이런 공격에 환호한다. 하지만 아무리 공격을 잘해도 수비가 허술해 점수를 상대보다 더 내주면 그 팀은 결코 승리할 수 없다.

이 교훈을 경제학에도 적용할 수 있다. 주식과 코인, 부동산에 투자해 큰돈을 버는 방법을 소개하는 책과 강연이 넘쳐나고, 무수한 유튜브에서 투자와 재테크 비법을 앞다투어 제안한다. 이런 방식으로 돈을 벌고자 하는 것이 바로 경제에서의 '공격'이다. 하지만 아무리 많은 돈을 벌어도 그것을 제대로 관리하지 못한다면, 특히 지출을 제한하지 않는다면 그 돈은 정말이지 눈 깜짝할 사이에 신기루처럼 사라진다.

반면, 큰돈을 벌지는 못하더라도 조금이라도 꾸준히 모으며 규모 있는 살림을 해나가면 화려하지는 않아도 부족함 없는 삶을 누릴 수 있다. 이것이 바로 경제에서의 '수비'다.

공격은 파도가 있다. 매번 성공할 수는 없다. 돈을 벌고자 할 때도 마찬가지다. 주식, 부동산, 코인에 투자해 100전 100승을 하기란 불가능하다. 지금껏 그런 사례는 없었다. 아무리 투자의 귀재라 해도 다르지 않다. 50번 성공하면 50번은 실패하게 마련이다. 그게 공격의 속성이다. 또한 스포츠에서 공격수가 그러하듯 돈을 잘 버는 사람에게는 타고난 재능이 필요하다. 모든 축구 선수가 공격수가 될 수 없는 것처럼 모든 개인이 투자의 귀재가 될 수는 없다.

그런데 수비는 좀 다르다. 축구에서 수비는 공격에 비해 개인기보다는 시스템에 좌우되는 면이 있다. 좋은 수비 시스템을 구축해 오랜 기간 연습하면 빼어난 재능을 가진 선수가 아니더라도 철벽 수비를 펼칠 수 있다. 경제도 그렇다. 자신과 가족이 한마음 한뜻이 되어 수입에 맞추어 지출 계획을 잘 짜고 또 잘 실천하면 경제적 어려움을 피해 갈 수 있다. 생각해보라. 경제생활의 목적은 무엇인가? 개인이나 가족이 경제적 궁핍으로 고통받지 않고 안정적으로 살아가고자 함이다. 다시 말해, 남의 부러움을 사며 돈을 펑펑 쓰고 백화점에서 비싼 물건을 구매하는 것이 경제생활의 목표는 아닌 것이다.

나는 30년을 훨씬 넘는 기간 동안 경제학을 공부해왔다. 공부를 해보니, 사람들이 흔히 예상하는 바와 다르게 경제학은 돈을 잘 버는 방법을 알려주는 학문이 아니었다. 경제학은 나와 가족이 죽는 날까지 경제생활을 잘 영위하는 방법을 가르쳐주는 학문으로, 미리미리 수입에 맞추어 지출 계획을 세움으로써 가족이 굶는다거나 자녀의 교육비를 내지 못하는 상황 등 불행한 일이 발생하지 않도록 대비하는 법을 체계적으로 알려준다.

사실 경제학이 가장 중요하게 다루는 주제는 국가의 예산관리다. 돈을 많이 버는 것은 국가재정의 목표가 아니다. 국민의 피땀이 밴 세금을 최대한 아끼고 절약해 쓰면서 꼭 필요한 국가사업을 운용함에 부족함이 없도록 하는 것이 국가재정의 목표다.

이런 경제학을 30년 넘게 공부하고 나니 나 자신의 사고와 생활이 어느새 경제학 교과서와 같아졌다. 한마디로 이런저런 걱정을 사서 하고, 발생 확률이 매우 낮은 나쁜 상황까지 앞서서 생각해 대비하는 소심하고 좀스러운 생활 태도를 갖게 되었다. 결혼 초기에 아내는 나의 이런 모습을 보고 어이없어했다. 30대 초반인데 벌써 노후 걱정으로 머리를 감싸고 고민하고, 아직 태어나지도 않은 자녀들의 교육비를 미리 준비하며, 매일 1원 한 푼까지 가계부를 적고 있는 경제학자 남편을 보려니 때로는 짜증도 났을 것이다.

나는 대학에서 교수로 재직하고 있기에 큰돈을 벌지는 못한다. 하지만 경제학에 충실한 계획적 삶을 살고 돈을 절대로 낭비하지 않고 25년간 교수 생활을 해왔기에 이제는 내가 100세까지 살더라도 경제적으로 별 문제가 없겠다는 자신이 섰다. 결혼 초기 좀스러운 남편을 보고 실망했던 아내도 요즘은 나를 기특하게 여기는 기색이다.

이 책은 현재 50대인 내가 경제학 원칙에 따라 살아온 경험을 담은 것이다. 경제학 교과서에 나오는 이론을 바탕으로 했지만 내가 직접 경험한 것이라 개인적으로는 자신감을 가지고 집필하였다. 물론 모든 독자가 이 책의 내용대로, 즉 내가 살아온 대로 살 수는 없을 것이며, 그런 삶이 항상 바람직한 것도 아닐 터이다. 사람은 저마다 개성이 있으며, 성격만 다른 게 아니라 소득과 지출의 흐름도 개인의 능력과 성향에 따라 다르다. 또한 부자는 아니지만 중산층에 속하는 교수와 그 가족의 이야기이기 때문에 그 특수성이 없지 않을 것이다.

그럼에도, 인류의 역사에서 똑같은 사람은 없지만 다른 이의 선례에서 도움을 얻을 수 있듯 경제학 원칙에 따라 살아온 한 개인과 가족의 이야기를 참고로 독자 또한 고민을 해본다면 각자의 경제계획을 세우는 데 쓸모가 있으리라 감히 기대해보는 바이다.

경제적 삶을 영위하는 데 있어 가장 큰 도전은 '미래가 불확실하다는 것'이다. 내가 언제까지 일할 수 있을지, 내가 몇 살까지 살지, 나의 주식이나 부동산 가격이 오를지 내릴지 모르는 상황에서 평생 나와 가족이 안정적인 삶을 영위할 수 있는 경제계획을 세워야 하는 것이다. 당연히 쉬운 일이 아니다. 하지만 분명한 것은 이 불확실한 미래를 남보다 먼저 걱정하고 대비하는 사람은 경제적으로 그만큼 더 안정적이고 풍요로운 삶을 살 수 있다는 사실이다.

개인과 가족의 경제계획은 단순히 지출에서 낭비를 줄이고 절약하는 것만이 아니고 재산을 형성하는 과정에서 어떻게 투자하는 것이 좋은지에 대한 내용도 포함한다. 물론 이런 투자 및 지출계획은 개인의 취향이나 특성에 따라 어떤 방식이 적절한지가 다르다. 이솝 우화의 〈개미와 베짱이〉 이야기에 비유해보면, 개미는 베짱이처럼 살 수 없고 베짱이에게 개미처럼 살라고 해봐야 무리인 것이다. 개미 성향을 가진 사람에게는 그에 맞는 경제계획이 있고, 베짱이 성향을 가진 사람에게는 또 그에 맞는 경제계획이 있다. 중요한 것은 무조건 절약만 하는 개미보다 경제계획을 세워서 재산을 모으는 개미가 훨씬 행복하고, 무계획하게 놀기만 하는 베짱이보다는 경제계획을 치밀하게 마련하고 노는 베짱이가 훨씬 행복하리라는 점을 아는 일이다.

마지막으로, 세상에 공짜가 없다는 경제학의 대원칙은 항상 옳다는 점을 다시 한번 강조하고자 한다. 즉, 경제학 원칙에 맞는 계획을 세우고 실천하는 것은 누구에게나 가능한 일이다. 개인과 그 가족이 힘을 합해 경제계획을 세우고 실천한다면 누구나 돈 걱정을 거의 하지 않고 안정적인 삶을 누릴 수 있다. 하지만 이런 경제계획의 실천은 1~2년 만에 이뤄지는 작업이 아니다. 50~60년에 걸쳐 평생 실천해야 하는 만만찮은 과정이다.

그런 의미에서 경제학적 삶이란 비단 돈과 관련된 측면으로만 한정되지 않고 우리 생활 전반에 관여되는 삶의 방식이다. 적어도 나는 평생 그런 생활을 한 데 대해 전혀 후회가 없고 오히려 아주 만족스럽게 생각한다. 이 책을 읽는 독자 가운데 이런 경제학적 삶에 동의하지 못하는 사람도 있을 것이다. 그렇더라도 이런 삶의 방식이 있음을 참고해본다면 뜻밖에 흥미를 느끼고 도움 또한 얻지 않을까 생각해본다.

이제, 마음 단단히 먹고 경제학 원칙에 따라 사는 삶이란 대체 어떤 것인지 같이 알아보자.

2023년 가을
한순구

경제적으로 산다는 것

제1장

경제적으로
산다는 것

1

나는 내가 몇 살에 죽을지가 가장 궁금하다

당신은 최근에 자신이 몇 살에 죽을지 궁금해한 적이 있는가? 만일 지난 1년 사이에 자신이 몇 살까지 살지 생각해본 적이 한 번도 없다면 '경제생활'이라는 측면에서 당신은 높은 점수를 받지 못할 가능성이 크다.

의학의 발전으로 인간의 수명은 비약적으로 늘어났다. 내 할아버지는 30세가 되기 전에 돌아가셨고 할머니는 60세가 되기 전에 돌아가셨는데, 내 아버지와 어머니는 현재 건강한 80대 중반이시다. 할머니를 기준으로 보아도 내 부모님은 당신의 부모님보다 30년을 더 살고 계신 것이다. 그렇다면 현재 50대인 나는 몇 살까지 살 수 있을까? 지금 이 시간에도 의학은 놀라운 속도로 발전하고 있으며 그에 따라 인간의 수명이 계속해서 늘어나고 있는데 말이다.

늘어나는 수명, 더 중요해진 노후 준비

이러한 변화에 따라, 더 이상 일을 할 수 없는 나이가 되어서도 적지 않은 기간 동안 일정 수준의 경제생활이 가능하게 해주는 노후 준비가 아주 중요해졌다. 만일 내가 90세에 사망하는 것이 확실하다면 그에 맞추어 경제계획을 세우면 된다. 쉽지는 않겠지만, 나이와 돈에 맞추어 아껴 쓰고 저축하면 될 테니까 말이다. 다른 건 몰라도 확실한 계획을 세우는 일은 가능하다.

문제는 90세까지 살 수 있도록 저축을 해놓았는데 70세에 갑자기 죽을 수도 있고, 반대로 70세에 사망하리라 예상하고 저축을 해두지 않았는데 90세까지 사는 경우가 생긴다는 것, 곧 '불확실성'에 있다. 전자의 경우 힘들게 번 돈을 다 써보지도 못하고 죽는데 그나마 남은 돈은 상속세 등으로 절반은 빼앗길 것이니 억울할 터이고, 반대로 후자의 경우에는 노년에 아주 궁핍해져 불행한 삶을 살아갈 가능성이 크다. 그래서 나는 내년의 주식 가격보다 내가 사망할 나이가 더 알고 싶다.

또한 인간의 수명이 늘어났다고 하지만 주변에는 젊은 나이에 사고나 급성 질환으로 사망하는 경우가 심심치 않게 있다. 마음이 다소 괴로워지는 가정이기는 하지만, 만약 집안의 가장이자 주요한 수입원이 '아빠'라면 아빠가 갑자기 사망하는 경우 가족이 어떻게 생계를 유지할 수 있을지도 가끔 이야기해보는 것이 좋다. 나는 내가 갑자기 죽는 경우를 가정하여 아내와 거의 매달 이야기를 나눈다. 우리 가족의 재산은 얼마이며, 그것으로 어떻게 살아가야 하는지에 대해서 말이다. 아들에게도 연간 한두 번은 그런 이야기를 해준다. 지금 대학생인 아들의 입장에서도 아빠인 내가 더 오래 돈을 벌 수 있느냐 아니냐에 따라 진로에 영향을 받을 수 있기에 생각해볼 기회를 주는 것이다. 사실은 아들이 중학생이던 시절부터 가끔 아빠가 갑자기 죽거나 할 때 재정적 측면에서 어떻게 살아남을지에 대해 이야기를 들려주곤 했다.

요즘 어린 자녀에게 경제관념을 교육하려는 부모들이 많다. 그런데 만일 아빠 엄마가 천년만년 돈을 잘 벌어 자신들을 뒷바라지해줄 것이라 믿는다면 자녀에게 경제관념이 생길 수가 없다. 그냥 아빠 엄마에게 돈을 받아서 살아가면 된다고 생각할 테니 골치 아프게 열심히 돈을 벌고 또 모으고자 하는 인센티브가 없기 때문이다.

그러나 만일 친구의 아빠가 갑작스레 사망하는 일이 생겨 그런 일을 지켜보며 '어쩌면 우리 아빠도 갑자기 죽을 수 있겠구나.' 하는 인식을 갖게 된다면 어떨까? 자녀들의 경제IQ가 치솟을 것이다. 언제까지나 부모에게만 기댈 수 없으니 이제 스스로 경제 문제를 해결해야 한다는 생각을 할 것이다.

반대로 부모가 아주 장수해 100세까지 산다면 이 또한 자녀들에게는 일종의 '경제적 문제'로 작용하게 된다. 부모가 100세가 되면 자녀는 아마 70세 정도일 것이고, 이 말은 자녀들도 더 이상 일을 할 수 없는 상황일 것이라는 의미이다. 자신이 70세가 되었을 때 100세 부모를 부양해야 한다면 그때의 경제적 부담 또한 만만치 않게 된다.

1985년 노벨 경제학상을 수상한 프랑코 모딜리아니(Franco Modigliani) 교수가 정립한 라이프사이클 이론(life cycle theory)은 개인이나 가정의 경제 문제를 생각할 때 매우 유용한 이론이다. 이 이론의 요체는 한 개인의 경제생활은 불규칙하게 발생하는 소득을 이용해 규칙적이고 지속적으로 소요되는 지출을 평생 감당해야 한다는 것이다. 달리 말하면 이번 달의 수입으로 이번 달의 지출을 감당한다고 생각하면 절대로 안 되고, 내가 평생 벌어들일 수입으로 내가 평생 지출할 돈을 감당할 수 있어야 한다는 것이다.

문제는 90세까지 살 수 있도록 저축을 해놓았는데

70세에 갑자기 죽을 수도 있고, 반대로

70세에 사망하리라 예상하고 저축을 해두지 않았는데

90세까지 사는 경우가 생긴다는 것,

곧 '불확실성'에 있다.

그래서 나는 내년의 주식 가격보다

내가 사망할 나이가 더 알고 싶다.

야구 선수의 라이프사이클 경제를 생각해보자. 야구 선수는 아무리 빨라도 고등학교를 졸업한 뒤, 즉 20세 무렵부터 프로 생활을 시작하게 되고 대부분의 경우 35세를 넘겨서까지 운동을 계속하기가 쉽지 않다. 야구 선수의 평생을 80세라고 가정하면 15년 동안 벌어들인 수입으로 80년을 살아야 한다는 경제 문제를 풀어야 하는 상황이다. 소득이 없는 65년의 세월 중에서 초기 20년은 부모님이 생계를 돌봐주신다고 하더라도 남은 45년 기간은 이전에 15년 동안 벌어들인 수입으로 버텨야 한다는 이야기가 된다. 자기 부모가 그랬듯 자녀들의 생계도 책임져야 할 것이다. 그러므로 만일 현역 야구 선수가 현재 연봉이 높다고 해서 돈을 막 썼다가는 은퇴 후 생계가 곤란해질 것이다. 지금 잠깐 돈을 잘 번다고 해서 자신이 부자라고 착각해서는 절대 안 되는 이유다.

그런데 이것이 야구 선수만의 이야기는 아니다. 일반인이라고 특별히 다를 게 없다. 대학을 졸업하고 나서 보통은 20대 중반에 취업을 하고 일반적으로 50대 중반에 퇴직하게 되는 경우가 많다. 일반인들도 80년 인생에서 30년 정도만 일을 해 소득을 얻는다는 의미이다. 이는 바꿔 말해, 소득이 없는 50년을 그 30년의 소득으로 살아야 한다는 이야기이다.

물론 돈을 벌 때는 많이 쓰고 돈을 못 벌 때는 안 쓰면 된다고 생각할 수 있지만, 퇴직하고 수입이 없다고 해서 안 먹고 안 입을 수는 없는 것이다. 자녀 교육비도 계속 들어간다. 즉, 소득이 중단되더라도 지출은 중단될 수 없다. 이런 상황에서 내가 80세 무렵에 사망하는 게 아니라 100세까지 장수하게 된다면 상황은 훨씬 어려워진다. 30년 번 돈으로 50년이 아니라 70년을 버텨야 하기 때문이다.

그러니 내가 언제 죽을지 궁금해하는 것은 당연하다. 그리고 내가 언제 죽을지 모르는 불확실한 상황에서 70세에 죽을 경우, 80세에 죽을 경우, 90세에 죽을 경우의 시나리오를 모두 고려해 각각의 대비를 해놓는 것이 경제IQ가 높은 사람의 행동방식이다. 결국 '뛰어난 경제생활을 하는 사람'이란 '능력이 좋아 돈을 많이 버는 사람'이 아니라 '30년 동안 벌어들인 수입으로 퇴직 후 40년 또는 50년을 버틸 수 있도록 계획을 잘 세우는 사람'이다.

인생은 잔잔한 호수가 아니라 폭풍우 치는 바다

경제학을 돈 잘 버는 법을 연구하는 학문으로 오해하는 경우가 많은데, 절대 그렇지 않다. 내 주변에는 주식에 투자했다가 큰 손해를 본 경제학자들이 수두룩하다. 하지만 돈 버는 방법을 가르쳐주지 않는다 해도 경제학은 아주 유용한 학문이다. 왜냐하면 경제학은 결국 인생을 정확히 계획하는 최적의 원리를 알려주는 학문이기 때문이다. 명확하고 꼼꼼하게 경제계획을 세우면 돈을 적게 번다 해도 평안한 삶을 살 수 있지만, 무계획적이고 충동적인 삶을 사는 사람은 아무리 돈을 많이 벌어도 경제적으로 비참한 시기를 겪을 가능성이 높다.

그런데 혹자는 왜 인생 계획이 꼭 필요하냐고 되물을지도 모르겠다. 그것은 우리의 삶이 항상 잔잔한 호수일 수는 없고 때로는 갑작스러운 폭풍우가 몰아치는 거친 바다와 같아지기도 하기 때문이다. 내가 언제 퇴직할지, 물가가 얼마나 오를지, 몇 살까지 살게 될지, 어떤 병에 걸릴지 알 수 없는 인생 속에서 그래도 최선을 다해 그 각각의 상황에 대비해야 하지 않겠는가. 이런 돌발 상황에 대비하려면 결국 돈이 필요하고, 그 돈을 어떻게 미리 마련할지 꼼꼼히 계획을 세우는 법을 알려주는 것이 바로 경제학이 제일 잘하는 일이다. 그런 경제학의 방법들을 같이 꼼꼼히 살펴보고자 한다.

참고로 경제학을 공부하면서 '라이프사이클 이론'에 입각해 일찍부터 노후 걱정을 했던 나는 40대 초반에 이미 나와 아내 앞으로 종신형 연금보험을 10개 정도 가입해놓았다. 즉, 내가 죽는 날까지 매월 나오도록 설계된 연금이 10개 정도라는 의미이다. 그 중 3개의 연금은 가입한 지 10년이 지나 벌써 수령하기 시작했다.

그 덕분에 혹시 내가 100세까지 사는 일이 생긴다 해도 우리 부부는 적어도 경제적으로는 큰 걱정이 없다. 내 아들도 부모를 부양해야 한다는 걱정을 하지 않아도 된다.

다만 종신형 연금보험은 내가 사망하는 순간 지급이 중단되는데, 내가 80세 이전에 사망한다면 그동안 납입한 원금도 돌려받지 못하고 죽게 되어 결국 손해가 난다는 단점이 있다. 당연한 일이지만 보험회사가 손해 보는 장사를 할 리 없다. 분명 연금에 가입할 때 보험회사는 내가 80세까지 살 가능성은 크지 않다고 예측했을 것이다. 그래서 아내는 내가 일찍 사망하면 손해 볼 가능성이 큰 종신형 연금보험을 그만 좀 가입하라고 잔소리를 한다. 하지만 나는 끈질기게 살아남아 내가 일찍 죽으리라 예측한 보험회사에 큰 손해를 입히며 오래오래 매달 보험금을 받겠다는 의지를 불태우고 있다.

사실 내가 이렇게 종신형 연금보험에 많이 가입한 것은 일찍 사망해 돈을 다 쓰지 못해 느낄 억울함보다는 돈이 떨어졌는데도 여전히 살아 있어 느낄 고통이 훨씬 크리라는 판단 때문이다.

일본에서는 돌아가신 부모님의 시신을 30년간 집 안에 숨기고 살아온 자녀들이 발각되어 사회적으로 큰 물의를 일으킨 적이 있다. 알고 보니 부모님이 상당한 연금을 받고 있었다. 그래서 부모님이 돌아가심으로써 연금이 끊기는 게 아쉬워 부모님의 사망 사실을 알리지 않았던 것이다. 이 사건을 계기로 일본 전국을 조사해보니 유사한 사례가 300건이 넘었다고 한다.

부모님의 사망을 숨기는 이러한 일은 물론 극단적인 경우이지만, 부모님이 매달 많은 연금을 받는다면 어떤 자녀든 부모님이 오래 살아 계시기를 바라게 될 가능성이 충분하다. 그래서 나는, 내가 매월 연금을 많이 수령하면 아내와 아들이 나의 무병장수를 기원하고 노후에 잘 대해주지 않을까 하는 기대감에서 지금도 열심히 보험료를 내고 있다. 절대 손해를 보지 않겠다는 경제 철학으로 무장한 나는 결단코 80세를 훨씬 넘겨서까지 건강히 살아남고야 말 것이다.

2

'부자'는 돈을 많이 버는 사람이 아니다

부자가 되고 싶지 않은 사람은 아마 없을 것이다. 그런데 '부자' 란 정확히 어떤 사람일까?

일반인들이 생각하는 부자란 '돈을 펑펑 쓰는 사람'일 수 있다. 예컨대 친구들과 고급 식당에서 식사를 한 뒤 매번 자신이 모두 계산하거나 보통 사람들은 감당할 수 없을 정도의 고급 외제 자동 차를 소유한 사람을 부자라고 생각하기 쉽다.

하지만 경제학 관점에서 보면, 부자는 돈을 많이 버는 사람도 아니고 돈을 많이 쓰는 사람도 아니다. 부자는 재산이 많은 사람 이다. 좀 극단적 가정이기는 하지만, 만약에 매년 10억 원의 돈을 벌어 펑펑 쓰고 다니지만 알고 보니 빚을 많이 지고 있다면 과연 그 사람을 부자라 할 수 있을까? 아니면 구두쇠같이 돈을 쓰지 않고 절약하며 친구들에게 밥을 사는 법도 좀체 없지만, 알고 보니 은행에 100억 원을 쌓아놓고 비싼 아파트를 소유하고 있는 사람이 부자일까?

매끼를 설렁탕으로 때우고 수십 년 된 중고 소형차를 타고 다니더라도 은행에 100억 원을 쌓아놓고 사는 사람이 부자다. 즉, '수입'이나 '지출'이 아니라 '재산'이 부자의 기준이다.

그런데 수십억 원 또는 수백억 원의 재산을 가진 사람들은 어떻게 부자가 될 수 있었을까? 부자가 되는 방법은 여러 가지겠지만, 그 원리는 언제나 단 하나. 바로 저축을 많이 하는 것이다.

경제생활의 대원칙,
"지출은 수입보다 적어야 한다"

경제학에서 '저축'의 정의는 다음과 같다. 즉, 벌어들인 소득에서 사용한 지출을 빼고 남은 금액이다.

$$저축 = 소득 - 지출$$

경제학 교과서에 따르면, 모든 개인은 "효용 극대화(utility maximization)"를 추구한다. 여기서 '효용'이란 결국 행복을 의미하는 말로, 유식해 보이려는 학자들이 다소 어려운 단어를 쓴 것이라고 생각하면 된다. 따라서 개인이 경제생활을 영위할 때 그 목적은 행복을 최고로 높이는 데 있다.

자신이 갖고 싶은 물건을 많이 사서 소비해도 행복은 올라간다. 그러므로 지출이 행복을 높여준다는 점 또한 사실이다. 하지만 라이프사이클 이론에서 보았듯 개인이나 가정의 행복은 비단 현재의 지출만이 아니라 평생의 지출에도 좌우된다. 어떤 이가 오늘 백화점에서 1억 원어치 물건을 샀다 해도 10년 후에 라면을 사 먹기도 어려울 게 분명하다면 이 사람은 결코 행복할 수 없다. 오늘 신나게 구입한 1억원 어치 물건이 눈앞에 있어도 행복은 고사하고 10년 후 생계를 걱정하면서 눈앞이 캄캄하고 우울증에 걸릴 정도로 불행할 것이다.

반대로 은행에 100억 원을 쌓아놓고 있는 사람은 설렁탕만 사 먹고 값싼 옷만 사 입더라도 마음에 여유가 있을 것이다. 지금 많은 돈을 쓰지 않더라도 이렇게 금전적 여유가 있는 사람은 충족감을 갖고 행복을 느낄 가능성도 커진다. 다시 말해, 진정한 행복감은 평생에 걸쳐 부족함 없는 생활을 할 수 있다는 계획과 자신감을 가진 사람만이 누릴 수 있는 것이기에 경제학에서는 부자를 정의할 때 지출이 아니라 재산을 그 기준으로 삼는다.

그리고 이때 '재산'은 소득이 아니라 저축이 결정한다. 재산은 저축을 해야만 늘어날 수 있기 때문이다. 연간 10억 원을 버는 사람이라도 그 10억 원을 다 지출해버리면 재산은 0원이다. 반면, 연간 5,000만 원을 버는 사람이라도 3,000만 원만 지출한다면 연말에 재산이 2,000만 원인 것이다.

결국 버는 것보다 적게 써야 부자가 된다. 지출이 소득보다 크면 빚을 질 수밖에 없고, 빚이 늘면 파산에 이를 수밖에 없다. 경제학적 측면에서는 최악의 상황이다. 파산을 하고도 행복한 사람은 없다. 아니, 파산의 가능성이 있기만 해도 그는 행복하기가 어려울 것이다.

지출이 소득보다 작아야 한다는, 매우 간단한 이 사실만큼 개인과 가족의 경제생활에서 중요한 원칙은 없다. 하지만 독자들은 지출이 소득보다 작아야 한다는 걸 모르는 사람이 과연 있을까 하며 의아해할 수 있다. 모든 사람이 그 정도의 간단한 원칙은 지키며 살고 있지 않느냐고 할 것이다.

그런데 똑똑한 사람들이 모여 국가경제를 운영하는 세계 많은 나라의 정부가 이 간단한 원칙을 지키지 못하는 것을 보면 확실히 쉬운 일은 아니다. 한때 미국과 함께 세계 최대 강대국이었던 소련이 붕괴한 것도 바로 이 원칙을 지키지 못했기 때문이다.

1970년대 석유파동으로 석유 가격이 급격히 치솟았다. 한국과 같이 석유 한 방울 나지 않는 나라들은 큰 어려움을 겪었지만, 소련과 같은 석유 수출국들은 하루아침에 석유 가격이 오르자 국가의 수입이 엄청나게 늘었다. 소련은 풍부한 석유 판매 대금으로 쿠바나 아프리카의 공산국가를 지원하는 동시에 군사 장비를 갖추고 아프가니스탄을 침공하였다. 워낙 재정 상황이 좋아 이 정도의 지출 증가는 여유 있게 감당할 수 있다고 판단했던 것이다.

1980년대로 들어서며 석유 가격이 하락하자 소련의 수입도 줄어들었다. 하지만 수입이 줄었음에도 소련은 이미 약속한 쿠바, 아프리카 공산국가들에 대한 지원을 끊을 수 없었고, 아프가니스탄에서 전투를 벌이고 있는 소련군에 이제 돈이 없으니 그만 철수하라는 명령을 내려야 함에도 그러질 못했다. 그렇게 우물쭈물하다가 늘어나는 빚을 감당하지 못할 지경이 되고 결국 소련은 1991년에 붕괴하여 지구상에서 사라진다. 국가가 경제적으로 파산한 것이다.

결론은 간단하다. 가정에 소득이 없다고 온 식구가 밥도 안 먹고 전기도 안 쓰고 옷도 안 입고 살 수는 없다. 지출은 계속될 수밖에 없다. 하지만 지출이 필요하다고 해서 소득이 보장되지는 않는다. 오히려 지출은 꾸준한데 소득은 잠시 높았다가 갑자기 곤두박질쳐서 낮아지는 과정을 반복할 공산이 크다. 따라서 지금 우리 집의 소득이 높다고 아무 생각 없이 지출을 늘리면 가까운 미래에 소득이 줄었을 때 파산할 가능성이 아주 높아진다. 그러므로 직장에서 보너스가 나오면 가족이 외식을 해서 다 써버릴 것이 아니라 저축을 해야 한다.

즉, 지출은 라이프사이클 이론에 입각하여 결정되어야 한다. 지금의 소득을 기준으로 삼아 결정하면 절대로 안 되고, 내가 평생 벌어들이는 소득을 고려해 결정해야 하는 것이다. 이 점을 생각해보면 미래에 나와 가정의 소득이 매우 낮아질 수 있음을 깨달을 것이고, 따라서 그중 최악의 상황에 대비해 경제적으로 살아남을 수 있는 수준의 지출을 해야함을 명확히 알 수 있다.

다시 한번 강조하지만, 수입이 최악으로 줄어드는 상황을 가정하고 그에 맞게 지출 계획을 세워야 한다. 경제적으로 최악의 상황은 올 수도 있는 것이 아니라 반드시 오기 때문이다. 사실 지금 당신이 생각하는 것보다 훨씬 더 상상을 초월하는 최악의 상황이 닥칠 가능성이 크다.

많은 사람이 주식이나 코인에 투자해 어떻게 돈을 벌 수 있는지를 이야기하고 또 강의도 한다. 모두 도움이 되는 이야기일 것이다. 하지만 만일 어떤 사람이 자기 말만 믿고 주식과 코인에 투자하라고, 그렇게 하면 100% 성공한다고 주장한다면 그것은 새빨간 거짓말이다. 경제학자들이 철저히 연구하고 거듭 계산을 해봐도 100% 성공이 보장된 투자는 이 세상에 없었기 때문이다.

최근 빅데이터로 분석해보니 전문가들이 아무리 안전하게 주식투자를 한다 해도 여덟 번 중 최소 한 번은 실패한다는 결과가 나왔다고 한다. 심지어 이는 최고 주식투자 전문가가 최대 이득을 바라지 않고 안전하게 투자하는 경우의 확률이다. 그렇다면 보통 사람이 주식에 투자하는 경우 이보다 성공할 확률은 훨씬 낮을 것이다. 확률적으로 한 번 성공하면 한 번 실패하게 된다. 따라서 당연히 우리는 주식투자에 실패했을 때를 상정하고 지출 계획을 세워야 한다. 주식투자에 성공했을 때를 가정하고 지출 계획을 세웠다가는 가까운 미래에 파산을 할 수도 있다.

주식투자로 늘 엄청난 돈을 번다는 건 거짓말

주식투자로 매년 엄청난 돈을 번다는 것은 거짓말이다. 분명 투자에 크게 실패하는 해가 있고 인생 전반으로 확대해 살펴보면 성공하는 만큼 실패도 한다고 생각하는 것이 합리적이다. 다시 말해, 우리가 경제생활을 할 때 소득을 높이는 '확실한 방법' 같은 건 존재하지 않는다. 반면에 지출을 줄이는 일은 나와 우리 가족이 노력하기만 하면 언제라도 확실하게 실행이 가능하다.

앞에서 본 저축의 정의를 다시 한번 들여다보자.

저축　　　　=　　소득　　−　　지출
(부자가 되는 유일한 방법)　　(불확실)　　(확실)

위 식에서 보듯 저축을 해야 부자가 되는데 이는 소득을 늘리거나 지출을 줄여야만 가능하다. 그런데 소득을 확실히 늘릴 재주를 가진 사람은 이 세상에 없다. 확실히 돈을 벌 수 있다고 하는 사람은 모두 거짓말쟁이다. 그러면 확실히 부자가 될 방법은 단 하나, 바로 지출을 줄이는 것이다.

그렇다고 이 말이 돈이 있는데 밥도 굶고 옷도 사 입지 말라는 의미는 아니다. 다만 평생 자신이 벌 수 있는 소득을 최악의 상황을 가정하여 계산해보고 평생 지출 가능한 금액을 역산해서 그 지출 수준을 지키도록 노력해야 한다는 뜻이다. 노후에 돈이 떨어져 파산하고 고생하는 삶도 경제적으로 바람직하지 않지만, 돈을 엄청나게 쌓아놓고 죽는 것도 경제적으로 바람직하지는 않다. 하지만 그 어떤 경우에도 죽기 전에 돈이 다 떨어져 파산하지 않도록 최선의 계획을 세워야 한다는 것이 경제학의 주장이다. 돈이 떨어져 비참한 삶을 사는 상황에 비하면 벌어놓은 돈을 다 쓰지 못하고 죽는 편이 훨씬 낫다.

이제 내 증조할아버지의 이야기로 마무리를 하려 한다. 농사지을 땅조차 없던 가난한 집안에 태어난 증조할아버지는 아끼고 절약해 나중에는 동네에서 논과 밭이 제일 많다고 소문날 정도로 부를 쌓으셨다고 한다. 나는 직접 뵌 적이 없는 그 증조할아버지가 자손들에게 남겨준 '부자 되는 법'이 있다.

우선 절벽에 서 있는 나무에 올라가 그 나뭇가지를 한 손으로 잡아본다. 그 상황에서 나뭇가지를 잡은 손을 놓는다면 나는 절벽에서 떨어져 죽을 것이 분명하다. 증조할아버지는 내 손에 돈이 있으면 그 돈을 '절벽 위 나뭇가지'라고 생각하라고 말씀하셨다고 한다. 나뭇가지를 놓치면 내가 죽게 되듯 그 돈을 내 손에서 놓치면 죽는다는 마음으로 돈을 쓴다면 부자가 될 수 있다는 의미다.

경제학을 배운 적이 없는 증조할아버지이지만, 부자가 되는 길은 지출을 줄이는 길, 곧 절약뿐이라는 원칙을 누구보다 확실히 알고 계셨던 것이다. 이런 증조할아버지를 닮아서인지 나도 절약하는 삶을 살고자 애쓰고 있다. 지금 타고 다니는 자동차가 2002년 귀국해 현재 근무하는 대학의 교수가 되면서 구입한 것이니, 만 21년 넘게 타고 있는 셈이다.

매년 자동차 세금이 나올 때 21년 넘은 내 자동차의 가치를 정부가 계산해서 보내주는데 중고차 가격 100만 원 정도로 평가된다. 그렇게 된 지 이미 오래다. 주변에서는 창피하지도 않느냐고 핀잔하며 자동차를 바꾸라고 권하기도 한다. 하지만 문제는 자동차가 고장이 나지 않는다는 것이다. 부품의 수명이 다 되어 두세 번 교체한 적은 있지만 현재까지 고장 난 적이 없다.

만일 내가 지난 21년 동안 자동차를 한 번 바꾸었다면 노후 자금에서 5,000만 원을 꺼내 썼을 터이고 두 번 바꾸었다면 1억 원 가까이 썼을 것이다. 한 대를 새로 살 때마다 내가 나이 들어 1년 살 돈, 또는 내가 늙어 큰 병이 났을 때 치료비로 쓸 돈이 날아가는 것이다. 물론 자동차에 안전 문제가 있다면 바로 바꾸겠지만 아무 문제가 없으니 바꿀 이유가 없다. 내 100만 원짜리 자동차는 지금도 아주 잘 달리고 있다. 다른 이들에게 차가 낡았다는 소리를 듣지 않기 위해 노후의 1년 생활자금을 자동차에 낭비하는 것은 경제적으로는 바보 같은 행동이라 생각한다.

다만 얼마 전, 20년 사용한 냉장고는 바꾸었다. 냉장고에서 이상한 소리가 나기 시작했는데 혹시 모터에 불이라도 날까 걱정이 되어 큰맘 먹고 아내와 상의해 바꾸었다. 물론 매장에서 전시품으로 사용되어 대폭 할인하는 냉장고가 있어 결심하기가 쉬웠던 사정도 작용했다. 안전과 관련된 것은 지출이 아깝지 않다.

큰돈이 들어가는 물품을 구매할 때 안전 문제가 있거나 자녀 교육 등 미래 소득과 관련되는 물품은 빨리 교체하되 그렇지 않은 물품은 노후의 몇 개월 생활비를 빼서 살 정도로 절실한 물건인지를 한 번 더 고려해보고, 가능하면 오래 사용하는 쪽을 선택하기를 개인적으로 권하는 바이다. 적어도 나에게는 그렇게 돈을 쓰는 데서 얻는 기쁨보다는 나중을 위해 돈을 쌓아놓고 얻는 마음의 평화가 더 중요하다.

3

진정한 투자의 고수는
'시간'에 베팅한다

투자의 고수 워런 버핏을 부러워하며 닮고 싶다는 사람이 많다. 명석한 두뇌와 통찰로 매년 투자에서 고수익을 올리는 것으로 유명한 워런 버핏은 실제로 현재 재산이 우리 돈으로 환산해 100조 원이 넘는다고 한다. 재산이 100조 원이라면 은행에 넣어놓고 금리를 2%만 받아도 1년 이자가 2조 원이다. 1년에 2조 원을 쓰려면 하루에 54억 원을 써야 한다. 그게 과연 가능한 일일까? 게다가 그렇게 매일 54억 원을 써도 원금 100조 원은 전혀 줄어들지 않는다.

그런데 실제로 아무 사람이나 붙잡고 지금 워런 버핏으로 변신하게 해준다면 기꺼이 그렇게 되겠느냐고 물었을 때 거의 모든 사람이 싫다고 대답한다고 한다. 왜냐하면 현재 워런 버핏의 재산이 100조 원이 넘지만 그의 나이가 이미 90세를 훌쩍 넘었기 때문이다. 100조 원을 가진 90세 노인이 되기보다는 평범한 30~40대로 사는 쪽이 누가 봐도 이익인 것이다.

지금 당장 100조 재산가 워런 버핏이 될 수 있다면?

결국 돈보다 소중한 것이 시간이라는 이야기다. 대학의 경제학과에 입학하면 처음 배우는 수식이 있다.

주어진 시간(24시간) = 노동시간(=돈) + 여가시간

효용(=행복) = 돈이 주는 행복 + 여가가 주는 행복

인간은 모두 하루에 24시간을 갖는데 이 24시간을 노동에 사용하여 소득을 올릴 수도 있고 여가로 사용하여 여유로운 행복감을 느낄 수도 있다는 의미다. 즉, 경제학의 관점에서 인간의 행복은 돈과 그 돈을 써서 즐기는 여가활동에서 얻을 수 있는데, 두 가지 모두 주어진 시간 내에 해야 한다. 결국 돈을 버는 능력이 아무리

월등하다 해도 주어진 시간이 부족하면 돈을 벌 수 없고, 즐길 돈과 능력이 있다 해도 남는 시간이 없으면 여가를 누릴 수 없다는 의미이다.

따라서 우리 인생에서 가장 중요한 것은 돈도 아니고 여가활동도 아닌, 너무나도 짧게 주어진 '시간'이다. 돈과 여가활동이 모두 시간에서 나오기 때문이다. 요즘 많이 이야기하는 워라밸(work-life balance) 개념을 경제학은 이미 오래전에 수식으로 보여주고 있었던 것이다. 인생을 즐기려면 돈과 여가를 즐길 시간이 모두 필요한데 돈을 벌려면 여가시간을 줄이고 대신 노동에 시간을 투자해야 하므로, 모든 개인은 자신의 시간을 노동과 여가 사이에서 어떻게 배분할지 잘 계획해야 한다.

우리의 인생은 우리 스스로 결정하는 것이다. 우리에게 주어진 '일생'이라는 시간을 노동으로 소득을 높이는 데 더 많이 사용하면 바쁘고 힘들지만 많은 부를 쌓을 것이고, 여유를 즐기는 여가에 더 많이 사용하면 업무 스트레스는 덜하겠지만 부를 쌓기는 어려울 것이다.

우리가 잘 아는 이솝 우화에 〈개미와 베짱이〉 이야기가 있다. 여름 내내 열심히 일한 개미는 겨울에 따뜻하고 배부르게 지내지만, 여름 내내 노래하고 놀던 베짱이는 겨울이 되면 춥고 배고프게 된다는 내용이다. 그런데 한 가지 오해를 풀자면 경제학이 반드시 개미의 삶이 베짱이의 삶보다 바람직하다고 결론짓는 건 아니라는 점이다.

경제학은 자신의 인생이라는 주어진 시간을 일하면서 보낼지 놀면서 보낼지는 완벽히 개인의 선택이라고 본다. 다만 경제학이 지적하는 바는 여름에 놀았던 베짱이는 당연히 겨울이 되면 춥고 배고프리라는 사실을 잘 알면서도 여름을 즐기는 선택을 했다는 점이다. 그런데도 베짱이가 여름에 일하지 않고 놀면서 보냈는데 겨울이 되자 "겨울이 이렇게 춥고 배고플 줄 몰랐다."라고 말해서는 안 된다는 것이 경제학의 메시지다. 만일 베짱이가 "겨울에 이렇게 춥고 배고플 줄 알았지만 나는 그래도 여름에 즐겁게 놀았던 것을 전혀 후회하지 않는다."라고 말한다면 베짱이 또한 경제학 원칙에 맞는 삶을 산 셈이다. 즉, 가난해지리라는 것을 미리 알고 계획을 세웠고 그 결과 가난해진 것이라면 이 역시 경제학적으로 올바른 삶이라는 의미이다. 자신의 인생에 관해 스스로 선택한 것이기 때문이다.

다만 젊은 시절 열심히 일하지 않는 것은 개인의 선택이지만, 그런 선택을 하는 순간 노후에는 반드시 경제적으로 비참해진다는 것을 알아야 한다고 경제학은 말한다. 물론 나이가 들면 가족을 부양해야 하고 자녀를 교육해야 하며 나이 든 부모님 병원비도 도와드려야 하는 등 돈이 많이 들어가고, 이렇게 꼭 필요한 돈이 모자랄 때 얼마나 비참한 기분일지 미리 생각한 사람이 "나중에 그런 일이 벌어져도 괜찮으니 나는 젊음을 즐긴다."라면서 배짱이 같은 삶을 선택하기란 어려울 것이다. 만일 노후에 대해 꼼꼼히 생각해본 적이 없어 젊어서 즐겨도 나중에 어떻게 되겠지 하는 비현실적 낙관론에 따른 것이라면 이는 경제학적으로 옳은 선택이 아니다.

큰돈을 버는 가장 확실한 길

이렇듯 경제적 삶에서 가장 중요한 것은 '시간'이다. 우리 인생에서 시간은 아껴 써야 하는 귀중한 자원이기도 하지만, 돈을 버는 일의 기초가 되는 필수불가결한 수단이다.

2014년 미국 버몬트주의 한 마을에서 92세의 로널드 제임스 리드(Ronald James Read) 씨가 사망하였다. 그런데 리드 씨가 사망하자 마을이 발칵 뒤집어졌다. 그가 자기 재산 중 600만 달러, 즉 한화로 80억 원 가까운 금액을 마을 도서관 등에 기부했기 때문이다. 알고 보니 리드 씨가 사망할 때 그의 재산은 800만 달러, 즉 100억 원이 넘었다.

아마 독자들은 그 정도 부자라면 기부할 수도 있었겠다고 짐작하겠지만 리드 씨는 사실 몹시 가난한 시골 마을에서 태어나 고등학교만 졸업했는데 그의 가족 중에 고등학교를 졸업한 유일한 사람이었다고 한다. 그는 젊어서는 자동차 수리공으로 일했고 나이 들어서는 백화점 경비원으로 살았다. 리드 씨는 작은 집에 살며 평생 나무 장작을 스스로 패서 집의 난방을 해결하였다. 하루에 한 번 마을 커피점에 가서 머핀과 커피 한 잔을 마시는 것이 낙이었다고 한다.

마을의 복지사는 이런 리드 씨가 가난한 노인이라고 판단해 식당에서 밥을 사주기도 하였다. 이웃이나 친구들도 리드 씨가 그렇게 많은 재산을 가졌을 줄은 꿈에도 몰랐다고 한다.

그러면 고등학교만 나오고 급여가 낮은 일만 했던 리드 씨는 어떻게 그런 엄청난 돈을 모았을까? 이유는 하나다. 오랜 시간 저축을 했기 때문이다. 소득은 넉넉하지 않았지만 리드 씨는 절약하는 삶을 살았고 항상 저축을 했다. 그리고 그렇게 모은 돈으로 배당주와 우량주를 사서 오래 보유했다. 고등학교를 졸업한 19세 무렵부터 92세로 생을 마감할 때까지 그렇게 오랫동안 저축과 투자를 하니 원금이 작다 해도 이자에 이자가 붙어 매우 큰 금액이 된 것이다.

예를 들어, 매달 100원을 70년간 저축하면 총 8만 4,000원이다. 이때 이자율이 5%라고 하면 복리로 계산했을 때 70년 후 원금과 경제적 삶에서 가장 중요한 것은 '시간'이다.

우리 인생에서 시간은

아껴 써야 하는 귀중한 자원이기도 하지만,

돈을 버는 일의 기초가 되는

필수불가결한 수단이다.

이자를 합한 금액이 76만 8,200원이 된다. 이자가 원금의 8배가 넘는다. 즉, 매월 100만 원을 70년간 저축하면 76억 원을 가질 수 있다는 말이다.

물론 부자 부모 밑에서 자란 경우라면 처음부터 돈을 모으기에 더 유리한 상황이라 할 수 있을 것이다. 하지만 가난한 가정에서 태어나 자동차 수리공과 백화점 경비원 직업만 가졌던 로널드 제임스 리드 씨가 70년 넘게 절약하고 저축해 100억 원의 재산을 쌓았다면, 이는 누구라도 최소한 수십억 원은 모을 수 있다는 의미가 아닌가. 단, 절약하는 생활을 유지하고 정말 오랜 시간 저축한다는 조건을 충족해야 하지만 말이다.

일확천금을 노리고 도박을 해서 돈을 얻고자 한다면 그건 너무도 위험하고 어리석은 방법이다. 돈을 벌기보다는 크게 잃을 가능성이 더 높다. 반면, 복리와 시간의 흐름을 이용한 오랜 기간의 저축은 부자가 되는 길을 확실하게 보장해준다. 70년이 너무 길다면 월 200만 원씩 40년간 저축해보라. 5% 복리 이자율을 받을 수 있다면 30억 원은 확실히 모을 수 있다.

확실한 노후 보장의 길을 택할 것인가, 아니면 위험천만한 일확천금을 택할 것인가? 이는 당연히 개인의 선택이다. 하지만 넉넉하지 않더라도 걱정 없는 노후 대비를 하는 것은 거의 모든 한국인에게 가능하다. 30년 이상 절약하는 삶을 살고 그렇게 해서 생긴 여윳돈을 매달 이자가 나오는 금융기관에 넣어두기만 하면 된다. 20대 또는 30대 초반의 독자라면 누구나 선택할 수 있는 확실한 노후 보장의 방법, 즉 오랜 시간 이어지는 저축과 투자를 고려해보기를 권하는 바이다.

당신의 취미는 '경제적'입니까?

나는 담배를 피워본 적이 없다. 골프 또한 단 한 번도 쳐보지 않았다. 술은 처음 교수가 되었을 무렵 학교 행사에서 어쩔 수 없이 마시곤 했지만 최근 10년 동안은 마시지 않고 있는데, 술이 별로 맛있다고 느끼지 않기 때문이다.

담배, 술, 골프를 하지 않는다고 하면 많은 사람이 인생을 무슨 낙으로 사느냐고 하는데, 나는 매일매일 즐겁게 살고 있다. 그리고 나는 술을 마시면 인생이 즐겁다는 말에 전혀 공감하지 못한다. 술을 마시면 속이 쓰리고 머리가 아프며, 숙취로 일을 제대로 할 수 없다. 내가 술이 몸에 안 맞아서 그런지는 몰라도 맥주 한

잔이라도 마시고 난 다음 날은 종일 아무 일도 하지 못한다.

담배, 술, 골프 없이도 즐겁게 사는 법

뼛속까지 경제학자인 나는 혹시라도 담배와 술과 골프가 큰돈이 된다고 하면 억지로라도 열심히 할지 모른다. 그런데 아무리 계산해도 이 세 가지는 돈을 잃는 행동이지 얻는 행동은 아닌 것 같다.

우선, 담배를 생각해보자. 이미 많은 사람이 이야기한 대로, 4,500원짜리 담배 한 갑은 결코 큰 액수라고 할 수 없지만 평생을 놓고 보면 사뭇 다르다. 만일 50년간 매일 담배 한 갑을 피운다고 하면 어떤가? 얼른 계산되지 않을 정도로 큰돈이 된다. 반면, 담배를 전혀 피우지 않고 월 13만 5,000원을 50년간 5%의 복리 이자율로 적금을 붓는다고 하면 3억 6,000만 원이 된다. 노후 자금 3억 6,000만 원을 포기할 정도로 담배가 일의 능률을 올려주고 기쁨을 준다면 또 모르겠다. 만약 담배가 직장에서 일의 능률을 확실히 올려주기 때문에 그것이 담배 구매 비용을 만회하고도 남는다고 판단된다면 그 사람은 담배를 피우는 게 맞을지도 모른다. 하지만 나의 경우는 그렇지 않았다.

물론 담배를 피우지 않는 가장 큰 이유는 건강이다. 내 주변에도 오랜 흡연으로 인해 질병에 시달리는 사람이 상당히 많다. 가정경제 차원에서 아주 냉정하게 따져보자면 소득이 없는 퇴직 이후에 일찍 사망하는 것은 상당한 연금을 받는 사람이 아니라면 큰 손해가 아닐 수 있다. 하지만 흡연으로 인한 질병이 꼭 퇴직 이후에 생기리라는 보장은 어디에도 없다. 한창 일해야 할 나이에 건강이 나빠진다면 가정경제에 큰 타격을 줄 것은 자명한 일이다.

술은 어떤가? 내가 의학 전문가는 아니지만 적당량의 술은 오히려 건강에 도움이 된다는 정보를 간혹 접한다. 일단 그 사실을 인정해보자. 그런데 사실 술은 담배보다 더 큰 문제를 발생시킬 수 있다. 잘 아는 검사 선배한테서 들은 이야기인데, 형사사건에 휘말리지 않는 첫 번째 비결은 술을 마시지 않는 것이라고 한다. 폭력이나 사고 등 각종 사건으로 구속되는 사람들의 70% 이상이 술을 마셨거나 술을 마시는 사람 옆에 있었다는 이야기였다. 독자들도 잘 알겠지만 인생에서 형사사건에 휘말리는 것처럼 고통스럽고 시간을 낭비하는 일이 또 없다. 혹시라도 유죄 판결을 받으면 사회생활에 큰 흠집이 생길 뿐 아니라, 경제적 타격도 입는다. 나처럼 학교에서 일하는 사람은 사건·사고에 휘말리면 직장을 그만두어야 하는 상황을 맞을 수도 있다. 그러므로 사건·사고를 피하는 방법 중 기본은 술을 마시지 않는 것이다.

더군다나 술에 들어가는 돈은 담배와는 비교도 되지 않을 정도로 클 수 있다. 물론 술을 얼마나 마시느냐에 따라 다르겠지만, 만약 좋은 식당에서 술을 마시며 큰 지출을 하는 습관을 버리고 그 돈을 저축한다면 나중에 자녀들의 집 장만에 큰 도움을 줄 수도 있다. 집 한 채를 포기하면서까지 술을 마시는 것이 정당화될 수 있을지는 각자 잘 생각해볼 일이다.

마지막으로, 골프의 경우에는 건강이나 사회생활에 도움이 되는 측면이 없지는 않다. 만일 사람들과의 네트워크 구축이 중요한 직업을 가진 사람이라면 골프는 기호나 취미가 아니라 업무의 일환으로서 반드시 해야 할 일이 될 수도 있을 것이다. 하지만 여기서 나는 기호와 취미로서의 골프만 말하고자 한다.

골프를 취미로 하면 들어가는 비용이 상당하다고 알고 있다. 비싼 취미인 것이다. 골프에 들어가는 돈은 하루에 라운딩 비용과 식사 그리고 교통비 등을 합해 30만 원 정도 된다고 한다. 내가 골프를 전혀 하지 않는 이유도 여기 있다. 하지만 더 중요한 이유가 있는데, 바로 시간이다. 하루를 통째로 비워 취미 생활을 해야 하는 것이 골프이다. 그런 점에서 골프의 비용은 그냥 30만 원이 아니다. 골프를 치느라 하루 동안 일을 하지 못할 테니까 말이다. 만일 하루에 50만 원을 벌 수 있는 사람이 골프를 친다면 경제학적으로 따질 때 80만 원의 비용이 발생하는 셈이다.

이렇게 골프를 치는 시간 동안 일을 하지 못해 포기한 돈 50만 원을 경제학에서는 기회비용(opportunity cost)이라고 한다. 골프 때문에 일할 기회를 잃었기에 발생하는 비용이라는 뜻이다. 그런 의미에서 술을 마시는 것도 기회비용이 상당하다. 술을 마시는 동안의 시간을 빼앗길 뿐 아니라 다음 날 일을 원활히 수행할 정도의 업무 능률을 올리지 못하는 것도 음주로 인해 잃어버리는 기회비용이기 때문이다.

술에 비하면 오히려 담배는 비록 당사자의 건강을 해치기는 하지만 시간의 기회비용은 크게 없는 것으로 보인다. 물론 흡연으로 생명이 단축되어 벌지 못하는 돈과 받지 못하는 연금이 있다면 그것도 기회비용으로 계산하는 것이 맞지만 말이다. 종신형 연금을 많이 가입해놓은 나의 입장에서는 조금이라도 더 오래 살아야 이익이기 때문에 담배의 기회비용도 아주 크다.

기호 생활도 비용-편익 분석에 따라

경제학자인 내가 보기에 직접적 비용과 기회비용을 모두 고려한다면 담배, 술, 골프는 비용이 너무나도 큰 기호 생활이다. 그래서 나는 이러한 기호 생활 대신에 커피, 독서, 영화 감상을 취미로 삼고 있다. 커피도 비싼 커피숍에서 마시면 커피 한 잔에 담배 한 갑의 값이 들어가므로 비싼 기호 생활이 될 수 있기 때문에 대학 사무실에서 공짜로 마실 수 있는 커피를 주로 마시며 주말이나 저녁에 집에서는 인스턴트 가루 커피를 마신다. 다행히 나의 입맛은 속된 말로 '싸구려'이고, 카페인만 들어가면 만족감을 느끼는 체질이라 이런 커피로도 충분히 행복하다.

영화는 집에서 케이블을 통해 월 1만 원 정도를 내면 무제한으로 볼 수 있는 영화 채널을 가입해서 보고 있다. 역시 상대적으로 값싼 취미이다. 물론 영화를 보는 것은 시간이 소요되는 일이므로 기회비용이 발생한다. 나는 강의를 하는 것이 직업이고, 좀 더 친근한 방법으로 학생들이 공감할 수 있게 강의 내용을 전달하는 데 영화 보기가 도움이 된다고 스스로 정당화한다. 하지만 어차피 그 또한 기호 생활인 것은 사실이고, 아무리 돈이 덜 드는 일이라 해도 시간의 기회비용은 피할 수 없는 측면이 있다. 그럼에도 저녁 내내 친구들과 술을 마신다든지 하루 종일 골프를 친다든지 하는 것에 비하면 주말에 1~2시간 영화를 보는 것은 시간의 기회비용도 상대적으로 작다고 생각한다.

책은 좀 돈이 들어간다. 아무리 못해도 한 권에 1~2만 원은 하니까 말이다. 하지만 역시나 강의가 일인 내게 책은 기호 생활인 동시에 투자이기도 하기에 경제적 원칙에서 봐도 필요한 소비라고 생각한다. 2만 원어치 책을 구입하여 읽고 그 내용을 잘 활용하여 100만 원 사례를 받는 강의를 하려고 노력하기 때문이다. 또한 나 역시 책을 쓰는 사람이기에 집필을 할 때나 신문 칼럼을 쓸 때도 필요하므로 독서는 기호 생활이면서 투자가 된다. 이처럼 자신의 업무 능률을 올릴 수 있는 일, 즉 투자 성격이 있는 기호 생활이 가장 바람직할 것이다.

더욱이 책은, 가령 2만 원 가격의 책을 사면 대개는 일주일 정도는 걸려야 다 읽을 수 있고, 아무리 빨리 읽어도 이틀 이상 소요된다. 그리고 이전에 산 책을 다시 읽기도 하므로 내 경험상 한 달에 평균 세 권 이상의 책을 새로 사서 읽는 경우는 많지 않다. 도서 구매가 경제적으로 부담이 된다면 당연히 도서관에서 빌려 읽는 방법도 항상 가능하다.

언젠가 한 유통업체 사장님의 취미 생활이 백화점 방문이라는 이야기를 신문 기사에서 읽었다. 빌딩 높은 층에 있는 사장실에 앉아 있기만 해서야 소비자들이 원하는 상품에 대한 구체적 정보를 알 수 없기에 저녁 시간이나 주말에 백화점이나 젊은 세대가 방문하는 상점가를 돌아다닌다는 것이다. 이렇게 즐기기도 하면서 업무에도 도움이 되는 취미 또는 기호 생활이 있는지 한번 생각해보면 좋겠다.

앞에서 소개한 로널드 제임스 리드 씨도 마을 도서관에 가서 책을 읽는 것이 일상이었다고 한다. 내 짐작에 그는 돈도 들지 않으면서 투자 정보도 얻을 수 있는 기호 생활을 택했던 게 아닌가 싶다.

아마 지금쯤이면 독자들은 한순구 교수라는 이가 정말 상대하기 싫은 참 답답한 사람이라는 생각이 들 것이다. 그렇다. 모든 작은 일도 내게 도움이 되는지 안 되는지, 비용은 얼마나 들어가는지, 그 비용이 정당화될 수 있는지를 따지며 사는 답답한 사람이 바로 나다. 누구보다도 아내에게서 매일 그런 이야기를 듣고 산다.

경제학 교과서대로만 하면 누구나 부자로 산다

이것이 경제학 교과서에 나오는 생활이다. 이미 이야기했듯이 경제학 교과서 어디를 봐도 돈 버는 비결 같은 건 나오지 않는다. 다만 어떤 행동이든 그 행동으로 인해 얻는 이득(benefit)이 비용(cost)보다 커야 한다는 것이 강조되는데, 바로 그것이 경제학의 원칙이다.

바람직한 행동: 이득 − 비용 〉 0

바람직하지 못한 행동: 이득 − 비용 〈 0

이 간단한 원칙만 잘 지킨다면 독자 여러분의 경제생활은 성공할 수밖에 없다. 모든 행동에서 이득이 비용보다 커야 한다는 대원칙만 지키면 우리 생활의 매 순간이 적자가 아닌 흑자일 것이니 어떻게 경제적으로 실패할 수 있겠는가?

그런데 이를 위해서는 남이야 뭐라 하든, 즉 답답한 인생이라고 비난하든 밀든 개의치 말고 언제나 이득과 비용 측면에서 철저히 계산한 뒤 행동해야 한다. 물론 모든 행동을 경제적 원칙에 따라 따져보는 것이 처음에는 쉽지 않을 것이다. 때로는 이득이 큰지 비용이 큰지 잘 판단이 되지도 않는다. 하지만 이런 계산을 몇 년 이어가다 보면 어느새 경험이 쌓여 오늘 누가 저녁을 먹자고 했을 때 그 이득과 비용을 따져 순간적으로 먹을지 말지 계산이 가능해진다.

간혹 언론에서 이런 뉴스를 접하곤 한다. 경제학자들이 정부가 계획 중인 특정 사업에 대해 '비용-편익 분석(cost-benefit analysis)'을 해보았더니 그 사업을 추진하면 100억 원의 순이익이 발생하므로 사업을 하는 것이 옳다고 건의하였다는 것이다. 예를 들어, 어떤 고속도로를 건설할 때 그 건설 비용은 얼마이고 경제적 이득이 얼마나 발생하는지를 계산해, 고속도로 건설이 국가적으로 이익인지 손해인지를 판단하는 것인데, 이게 바로 비용-편익 분석이다. 나는 이런 비용-편익 분석을 국가사업에만 적용할

어떤 행동이든 그 행동으로 인해 얻는 이득이

비용보다 커야 한다는 것,

바로 그것이 경제학의 원칙이다.

이 간단한 원칙만 잘 지킨다면

우리 생활의 매 순간이 적자가 아닌 흑자일 것이니

어떻게 경제적으로 실패할 수 있겠는가?

것이 아니라 개인들도 자신의 일상생활에 매일 적용해 경제적으로 올바른 판단을 내리는 훈련을 할 필요가 있다고 생각한다.

비용-편익 분석이 좋은 또 하나의 이유는 이런 분석에 따라 행동하면 나중에 후회할 상황이 줄어들어서다. 우선 오늘 골프를 칠 것인지 말 것인지를 철저한 계산에 따라 따져보고 결정하므로 옳은 판단을 내리게 되는 경우가 많아진다. 혹시 그 비용-편익 분석의 결과가 틀렸더라도 본인이 주어진 상황에서 최선의 판단을 했다면 외부적·돌발적 요인에 따른 피해이므로 결과를 받아들이기도 더 수월할 것이다. 그 실패 사례를 통해 미래의 비용-편익 분석을 보다 완벽하게 할 수 있는 배움의 기회가 될 수도 있다.

마지막으로, 개인적으로 다소 부끄러운 일을 회고하며 글을 마무리하고자 한다. 내가 처음 외국의 대학에서 교수 생활을 시작했을 때의 일이다. 학생 신분에서 막 교수가 되어 몇 달이 지났는데 어느 날부터인가 속이 매우 쓰렸다. '역시 월급을 받고 일을 한다는 게 생각보다 신경이 쓰이는 건가 보다.' 하고 있다가 우연히 친한 외국인 교수에게 요즘 속이 쓰리다고 말했다. 그랬더니 그 외국인 교수가 빙그레 웃으며 말하는 것이었다.

"처음 교수가 되면 많은 사람이 속이 쓰리죠. 나도 그랬어요. 교수 휴게실의 공짜 커피를 너무 많이 마시기 때문이죠. 그러니 공짜 커피라도 너무 많이 마시지는 마세요."

아니나 다를까, 난생처음 커피를 공짜로 무제한 마시게 되니 좋다며 커피를 자주 마신 것이 사실이다. 그 교수의 충고대로 커피 마시는 횟수를 줄이자 속쓰림도 사라졌다. 경제학 박사학위까지 받고도 공짜 커피에도 나름의 비용이 따른다는 사실을 간파하지 못했던 것이다. 비용－편익 분석을 할 때 돈과 시간뿐 아니라 속쓰림 같은 건강 측면도 꼭 고려하기를 바란다.

5

경제적 생활의 시작,
가계부 쓰기

경제학을 분류할 때 크게 이론경제학(theoretical economics)과 실증경제학(empirical economics)으로 나눈다. 이론경제학은 순수하게 수학적 논리로만 경제현상을 설명하는 방식이다. 예를 들어 사과의 가격이 오르면 어째서 사람들은 사과를 덜 사는 대신 배를 더 사는지, 환경오염 문제는 어째서 시장경제로 해결하기 어려운지를 논리적 도출 과정에 따라 설명한다.

반면 실증경제학은 실제 데이터를 분석하는 경제학 분야이다. 사실 이론경제학은 사과 가격이 100원 오를 때 사람들이 사과를 몇 개 덜 구매하게 되는지를 구체적 수치로는 보여줄 수 없다. 또한 환경오염이 경제에 미치는 부정적 영향을 계산하는 방법을 제시할 수는 있지만 환경오염 피해 금액을 구체적 수치로 제시하려면 데이터에 기초한 실증분석이 반드시 수반되어야 한다. 요컨대 이론경제학적 설명이 없는 실증경제학적 분석은 단순히 숫자에 불과하고, 실증분석이 뒷받침해주지 않는 이론경제학적 주장은 탁상공론이 되기 쉽다. 결국 이론과 실증이 함께해야 의미 있는 경제적 분석이 가능하다.

당신은 지난 1년간 매달 평균 얼마를 지출했는지 아는가?

우리가 개인의 경제 또는 가정경제를 이야기할 때 낭비하지 말고 노후를 대비해 저축해야 한다고 하면 이는 이론경제 측면의 이야기이다. 매달 얼마를 저축해야 노후에 걱정이 없을지 구체적으로 알려면 계산을 해보아야 하는데, 이를 위해서는 데이터에 토대한 실증경제학적 분석이 뒷받침되어야 한다.

쉽게 말해, 어떤 부부는 월 200만 원의 생활비로도 충분하지만 어떤 부부는 월 500만 원의 지출이 필요하다고 하면, 이 두 부부가 노후 대비로 마련해야 하는 재산은 상당히 다를 것이다. 그리고 그 재산을 마련하기 위해 현재 매달 저축해야 하는 액수도 당연히 다르다. 또한 이런 결론을 얻으려면 최소한 노후에 필요한 생활비가 월 200만 원인지, 아니면 월 500만 원인지를 우선 알아야 한다.

독자 여러분은 과거 1년간 매달 평균 얼마나 지출했는지를 파악하고 있는가? 그리고 그 지출 중 줄이기 힘든 식비는 얼마이고, 쉽게 줄일 수 있는 오락비는 얼마인지 파악하고 있는가? 만일 여러분이 매일매일 가계부를 적고 있지 않다면 정확한 지출 내역과 그 수치를 파악하기가 힘들 것이다.

나는 1998년 결혼 후 지금까지 날마다 가계부를 적고 있다. 책을 쓰는 지금 이 순간까지 25년간 지출한 모든 항목이 가계부에 기록되어 있다. 종이는 아니고 엑셀 파일에 기록했으며 식비, 교통비, 개인 지출, 교육비, 의료비, 경조사비, 각종 고지서 등의 항목으로 구분하여 적고 있다.

매일 저녁, 영수증을 보며 가계부에 하나하나 기록하는 것이 처음에는 무척 번거로웠지만 이제는 거의 자동으로 부담 없이 하는 일이 되었다. 더불어 2011년부터는 매월 15일에 현재의 재산 가치를 간단히 계산하여 따로 적어놓고 있다. 복잡한 건 아니고 그저 어느 은행에 정기예금이 얼마, 어느 보험사에 연금보험이 얼마, 그리고 15일 현재 보유 주식의 가격은 얼마 하는 식으로 죽 적어서

합계를 낸 것이다.

이 가계부를 적을 때 아내와 약속한 사항이 있는데 서로의 지출 내역에 대해서는 잔소리를 하지 않는다는 것이다. 내가 친구들과 저녁을 먹고 식사비를 냈는데 그걸 가지고 아내가 자꾸 싫은 소리를 하면 식사비를 줄일 수도 있겠지만 반대로 아내 모르게 하려고 가계부에 적지 않을 수도 있다. 그러므로 정직하고 정확하게 가계부를 쓰기 위해서는 부부가 서로 잔소리를 하지 않는다는 것이 대원칙이다. 물론 이 원칙이 잘 지켜지지는 않는다. 아내의 화장품 지출이 평소보다 너무 많은 달에는 "뭔가 많이 산 모양"이라며 한마디 하게 된다. 그래서 결혼 초기에는 가계부를 놓고 옥신각신도 했다.

그렇지만 10년쯤 지나면서 그런 잔소리를 할 필요가 거의 없어졌다. 나 자신이 친구와의 식사비를 많이 지출했다는 것을 가계부를 보다가 알게 되면 아내의 잔소리가 있기 전에 어째서 이번 달에는 그렇게 지출되었는지를 되짚어보게 된다. 그리고 반드시 지출할 필요가 없었거나 지나치게 비싼 지출이 있었음을 깨달으면 스스로 고치게 된다. 더 나아가 친구와 식사 약속이 있으면 어떤 이유로 친구를 만나며, 얼마 정도 지출할 것 같은지를 아내에게 미리 말하고 결재 아닌 결재를 받는다. 지출을 줄여 절약하는 것이 아내 한 사람, 혹은 나 한 사람을 위한 것이 아니라 우리 모두의 노후를 위함이니 군이 잔소리를 하지 않아도 각자 알아서 반성하고 절제하게 되었고, 점차 옥신각신이 줄어들었다.

가계부를 쓰면 보이는 것들

가계부를 쓰지 않으면 실제로 많은 지출을 했는데도 절약하며 살고 있다는 착각을 하는 경우가 많다. 하지만 매일 5분 정도 투자해 지출 항목과 금액을 하나하나 기입하다 보면 월말이 아니라 월초라도 '이상하게 이번 달은 지출이 많네.'라는 느낌을 받고 따져보게 된다.

학교에서 일하다 보니 다양한 유형의 학생들을 만난다. 그중에는 스스로 공부를 열심히 한다고 자부하는 이들도 있다. 그래서 그 학생을 앞에 앉혀놓고 어제 몇 시간 공부했느냐고 물어보면 어제는 쉬었다는 대답이 돌아온다. 공부를 늘 열심히 한다는 학생의 대답치고는 다소 의아해 조금 더 캐물으면 실은 기말시험 앞두고 한 2주 정도 열심히 했다고 한다. 그걸 가지고 엄청나게 열심히 했다고 말했던 것이다.

정말로 열심히 노력하는 학생들은 1년 365일 내내 매일 10시간 이상 공부를 한다. 그 정도의 노력을 들이는 학생들이 아무래도 더 좋은 로스쿨에 가고 해외의 더 좋은 대학원으로 유학도 가고 행정고시에도 합격한다. 철두철미한 공부 계획을 세워 실천하지 않는 학생들이 조금 공부하고는 많이 공부했다고 착각하는 것처럼, 가계부를 쓰지 않고 살림을 하면 쓸데없는 곳에 많은 돈을 지출하고 있으면서도 자기는 최대한 절약하며 산다는 착각에 빠질 수 있다.

가계부를 잘 기록해두면 노후 계획을 세울 때도 유용하다. 예를 들어 아들이 독립해서 나가면 줄어들 항목과 액수를 가계부를 통해 확실히 파악할 수가 있다. 내 경우, 아들이 군복무를 할 때 그동안 식비에서 아들이 차지하는 비중이 거의 50%였음을 알 수 있었고, 놀랍게도 20대 아들이 집에 없자 수도 요금도 엄청나게 줄어든 것을 가계부로 확인할 수 있었다. 20대 젊은 대학생 아들 한 사람의 식비와 세탁비 등이 50대 부모 둘을 합한 것과 같았다는 이야기다. 이런 자료가 쌓이며 노후에 우리 부부에게 매달 필요한 생활비를 보다 정확히 파악하여 계획을 세울 수 있었다.

매달 15일에 적어놓는 현재 재산 가치도 경제적 생활을 하는 데 큰 도움이 된다. 정기예금, 보험, 주식 등에 재산이 어떻게 나뉘어 있는지 그 비율을 쉽게 파악할 수 있으니 그것을 기준으로 삼아 다음 달 만기가 되는 정기예금을 주식에 투자할지, 아니면 다시 정기예금에 넣을지를 가족이 함께 논의하기도 쉽다.

또한 매년 재산이 증가하는 금액이 일정하지 않은데 이는 주로 내 소득이 많은 해도 있고 적은 해도 있기 때문이고, 당연히 주식 가격이 오르고 내리는 영향도 있다. 또한 각종 세금이 점차 늘어나는 것도 재산의 증가 속도를 많이 늦추고 있음을 10년 이상 가계부를 적다 보면 확연히 알게 된다.

레이 달리오의 원칙을 가정경제에 적용하기

현재 나는 정년까지 10년 정도를 남겨둔 상황인데, 이제 나는 향후 10년간 내 소득이 어느 범위에 있을지, 최선의 상황과 최악의 상황에서 연소득이 얼마일지를 대략 짐작할 수 있다. 또 오랫동안 가계부를 적어왔기에 나와 가족의 경제생활을 정확히 파악할 수 있게 되었으며, 이를 바탕으로 미래의 계획을 세우는 것이 가능해졌다.

물론 가계부를 적어서 알게 된 가족의 경제 상황이 그다지 좋지 않다면 기분도 나쁘고 가정에 긴장감이 돌 수도 있다. 자칫하면 부부가 다투게 될 수도 있다. 하지만 이런 긴장과 다툼은 오히려 반길 일이다. 돈을 낭비하면서 아껴 쓴다고 착각하고 재산이 없으면서 있다고 착각하면 언젠가는 그 엄청난 착각의 시한폭탄이 폭발하여 돌이킬 수 없는 지경에 이를 수 있기 때문이다.

우리 시대 주식투자의 고수 중 한 사람으로 잘 알려진 레이 달리오(Ray Dalio)는 경제적 성공을 가로막는 가장 큰 적은 자기 자신의 심리라고 했다. 사람은 자신의 상황을 미화하려는 성향이 있다. 자기 잘못에 대해 별것 아니라고 생각하려 하고, 자신이 조금 잘하면 엄청나게 잘했다고 부풀린다. 하지만 이것은 착각일 뿐 다른 사람의 객관적 평가와는 무관한 경우가 많다는 것이다. 오히려 자기 잘못을 알고 단점도 정확히 파악하는 동시에, 장점도 객관적으로 평가해 알아낼 수 있다면 그 자체가 성공의 디딤돌이 될 수 있다고 레이 달리오는 말하면서, 바로 그 점이야말로 자신의 성공 비결이라고 밝힌다.

실제로 레이 달리오는 자사 직원에 대한 인사 평가를 할 때 회의 상황을 모두 녹화해 당사자는 물론 전 직원에게 공개한다고 한다. 예를 들어, 브라운이라는 직원이 부장 승진 대상이라면 사장, 부사장과 인사 담당 상무가 모여 브라운은 어떤 장점이 있지만 이런저런 능력은 부족해서 부장 승진은 무리라는 이야기를 나누고, 그 모습을 브라운 자신은 물론이고 브라운의 부하 직원들을 포함해 전 직원에게 공개한다는 것이다. 자기 자신을 객관적으로 평가해 개선점을 찾고 발전의 계기로 삼을 기회를 주기 위해서다.

레이 달리오의 이러한 경영 원칙을 가정경제에도 적용할 수 있는데, 그러려면 자신이 현재 절약하고 있는지 아니면 낭비하고 있는지를 정확히 아는 것이 중요하다. 아빠가 자기 취미 생활에 매월 수십만 원을 쓰면서 자녀에게는 절약하라고 한다면 어불성설이다. 그런데 가계부를 적어 가족이 공유하면 아빠 자신도 얼마나 불필요한 지출을 하는지 살피게 될 수밖에 없다. 아마 자녀에게 절약하라고 말하기 전에 자기의 낭비적 지출을 먼저 줄일 것이다.

스스로를 미화하려는 당신과 가족에게 가계부는 냉정하고 객관적인 수치로서 부정할 수 없는 증거를 내민다. 당신은 절약하는 삶이 아니라 낭비하는 삶을 살고 있다고 그 가계부는 말하고 있을지도 모른다. '나는 절약하며 살고 있어.'라고 최면을 거는 당신에게 가계부를 통해 '사실 당신은 낭비하고 있어.'라는 점을 분명히 납득시켜야 한다. 자신을 냉철하게 바라보고 그 잘못을 인정하도록 만들어줄 유일한 방법이 바로 가계부 쓰기이다.

한편, 가족의 생활비로 최소한 300만 원이 필요한데 무리해서 200만 원만 쓰기로 계획을 세우는 경우를 한번 생각해보자. 이렇게 비현실적인 계획 또한 문제가 있다. 그건 착각이지 계획이 아니기에 실행으로 이어질 수가 없고, 따라서 세우지 않는 것만 못하다. 그런데 오랜 기간 가계부를 적다 보면 가족 간에 불화가 생기지 않고 지나친 스트레스도 받지 않으며 생활할 수 있는 적정 지출 금액을 도출할 수가 있으니, 실현 가능한 가정경제 계획을 세우는 데 아주 유리한 상황이 되는 것이다.

최근 은행들이 한국의 부자들을 조사한 내용을 담은 뉴스 기사를 본 적이 있다. 재산이 수십억 원에 달하는 부자들이지만 그런 사람들의 연 지출은 여전히 6,000만 원 정도라는 내용이 눈에 띄었다. 부자들의 공통점은 그들이 지금 같은 부자가 아니었을 때, 즉 1억 원 정도의 연봉을 받았을 때 지출했던 비용을 계속 유지한다는 것이다. 예컨대 5,000만~6,000만 원 정도를 지출했다면 소득이 그 몇 배인 연간 5억~6억 원이 되거나 수십억 원 재산이 생긴 후에도 지출은 늘리지 않고 그대로 유지한다.

비슷한 맥락에서, 가계부를 적을 때 기존의 지출을 20~30%씩 무리해서 줄이려고 하다가 가정불화만 생기고 계획을 포기하게 된다면 결코 현명하지 못한 일이다. 지나치게 낭비적인 지출만 없다면 지출을 줄이려 하기보다 추후 소득이 늘어난다고 해도 절대로 소비를 늘리지 않고자 하는 태도가 더 중요하다. 소득이 늘었다고 지출을 늘린다면 미래에 반드시 소득이 줄어드는 시기가 왔을 때 대처할 방법이 없기 때문이다.

정리하자면, 스트레스 없이 가계부에 모든 것을 기록하되 갑자기 지출이 늘어나지 않도록 신경 쓰는 것이 현실적으로 최선의 방법이다. 만일 갑작스러운 지출의 증가가 있다면 가계부를 바탕으로 그 원인을 찾아내 가족 구성원 모두가 이해하고 납득한 후 개선 방안을 찾아야 한다. 어떤 가족 구성원의 지출이 특히 늘었는지 논란이 있을 수 있지만 그런 논란을 피하려 하지 말고 가계부의 객관적 증거에 따라 개선점을 찾아야 한다. 가족끼리 얼굴 붉힐 일이 있다면 그건 피한다고 해결될 문제가 아니기 때문이다.

6

'무리 짓기' 말고
'머리 쓰기'를 하라

어느 외국 드라마에서 이런 장면을 본 적이 있다. 공부를 잘 못하는 학생이 선생님에게 다음과 같이 질문한다.

"저는 머리가 좋지 않아서 공부를 해도 좋은 대학에 갈 수 없는데 어째서 자꾸 공부하라고 하십니까? 저는 어차피 머리를 쓰는 일이 아니라 몸을 쓰는 직업을 가질 텐데요."

선생님의 대답은 이랬다.

"미래에 너에게 가족이 생긴 뒤 네가 몸으로 열심히 일해서 번 돈을 어딘가에 투자하려 할 때 계약서를 잘못 이해하거나 사기를 당해 모두 빼앗길 수 있다. 최소한 네 가족을 위해 중요한 법과 제도를 이해하고 사기를 당하지 않을 수준의 지식을 쌓아야 한다."

교수라는 직업을 가진 나로서는 드라마 속 선생님의 대답이 상당히 설득력 있다고 느꼈다.

인간의 특기는 두뇌 활용에서 드러난다

이 세상의 모든 동물은 저마다의 특기를 가지고 생존한다. 당연히 인간의 특기는 두뇌를 써서 이후 벌어질 상황을 예상하여 대비하고 문제가 발생하면 해결 방법을 찾는 것이다. 그렇다면 어떤 직업을 갖든 간에 인간의 특질이라 할 그 뛰어난 두뇌를 사용하면 더 적은 비용으로 더 효과적이며 안전한 방법을 찾는 경우가 많이 생길 것이다.

간혹 택시로 이동할 때 기사님과 가벼운 대화를 나누곤 하는데, 기사님마다 고유의 방식으로 수입을 최대화한다는 것을 알고 놀랐다. 한 기사님은 대학이나 기업과 연계해 외국에서 손님이 올 때 공항에 시간 맞추어 나가 픽업을 해서 정해진 장소까지 데려오는 일을 한다고 했다. 대학이나 기업 입장에서도 외국 손님을 마중하기 위해 교수나 직원이 따로 공항까지 갈 필요가 없이 간단한 영어가 가능한 택시 기사가 알아서 픽업을 해주니 매우 좋아한다는 것이다. 이 방식을 직접 고안한 그 기사님은 일반영업은 하지 않고 오직 공항 픽업과 환송만으로 다른 택시 기사님들보다 2배 이상의 수입을 올리고 있었다.

또 다른 한 기사님은 택시비를 온라인으로 결제하는 시스템이 정착되기 이전부터, 돈을 조금 덜 받더라도 택시가 목적지에 도착하기 전에 손님과 계산을 끝내는 방식으로 영업을 한다고 했다. 그러면 손해 아닐까 했지만, 그 기사님 말은 택시가 도착해서 손님이 돈 계산 한다고 우물쭈물하느라 몇 분 더 소요되면 다음 손님을 태울 기회를 오히려 잃는다는 것이었다. 예컨대 100원 덜 받더라도 손님이 얼른 내려 곧바로 다음 손님이 타면 택시가 빈 차로 있는 시간을 최소화할 수 있고 그게 더 이득이라는 논리였다. 이분 역시 다른 택시 기사의 2배 이상 되는 월수입을 올린다고 했다. 지금 손님에게 돈을 조금 더 받는 것보다는 택시가 빈 차로 있는 시간을 최소화하는 것이 더 큰 이익을 가져다준다는 데 착안하고 이를 실천한 결과였다.

경제학은 인간에 대해 딱 두 가지를 가정한다.

첫째, 인간은 이기적이라는 가정이다. 만일 자기 돈보다 남의 돈을 더 챙겨주고, 자기 자식보다 남의 자식에게 맛난 것을 더 주려는 사람이 있다면 그는 경제학으로 설명할 수 없는 사람이다. 경제학에 다행스럽게도, 이 세상에는 그런 사람이 없는 것 같기는 하다.

둘째, 인간은 똑똑하다는 가정이다. 여기서 '똑똑한 인간'이란 논리적으로 볼 때 계산이 가능한 한 모두 계산해서 가장 유리한 선택을 할 수 있는 존재라는 의미이다.

그렇지만 현실에서 인간은 경제학적 계산과는 다르게 행동하는 경우가 있다. 이는 물론 인간이 의외로 이타적 존재이기도 하기 때문이지만, 실은 인간이 생각보다 똑똑하지 않은 탓이 크다. 2017년 노벨 경제학상 수상자인 《넛지》의 저자 리처드 탈러(Richard H. Thaler) 교수가 이런 비이성적 인간, 즉 똑똑하지 못한 인간의 행동을 연구했고 이제는 그것이 '행동경제학'이라는 분야로 자리 잡았다.

행동경제학의 연구에 따르면 인간은 계산에 게으르다. 그래서 어느 선택이 더 나은지 철저히 계산하지 않고 대충 선택하거나 자신이 스스로 계산하지 않고 남이 해놓은 계산을 그대로 따른다는 것이다. 당연한 이야기지만, 제아무리 똑똑한 인간이라 해도 꼼꼼히 분석해 직접 계산해보지 않는 이상 그 선택이 정말로 옳은지는 알 수가 없다.

강남 학군으로 이사하기 전에 먼저 해야 할 일

나는 2002년에 연세대학교 교수로 부임했는데 그 후 줄곧 연세대학교 인근에서 살고 있다. 강북에 살아서인지 아파트 가격이 오르지 않았고 그래서 아직 종합부동산세도 내본 적이 없다. 부동산 측면에서는 경제적 성공을 거두지 못한 것이다. 하지만 강북 지역에 살면서 얻은 이득도 하나 있으니 아들이 강북의 고등학교에서 내신 성적을 잘 받아 대학 진학 시 다소 유리했다는 점이다. 이런 이유로 나는 어떤 사람이 자녀 교육 때문에 강남 지역으로 이사를 하고 싶다고 하면 다시 생각해보라고 조언하곤 한다. 학교생활기록부(학생부)에서 내신 성적이 중요한데 경쟁이 센 강남의 고등학교에 진학하면 내신 성적을 잘 받기가 너무 어렵기 때문이다.

그런데 이런 내 조언을 듣고도 사람들은 대부분 강남 지역으로의 이사를 결정한다. 대학의 모집 요강을 꼼꼼히 읽어보고 강남과 강북에 사는 학부모들과 대학 진학자들의 이야기를 듣고 비교해보고 나서 강남으로 이사하는 것이라면 올바른 결정일 수 있겠으나, 대개는 이런 노력 없이 강남으로 무작정 이사들을 한다. 남들이 다 강남으로 가는데 자기만 반대 방향으로 가는 것이 불안해서다.

경제학에서는 이런 유형, 곧 정확하고 꼼꼼하게 계산해보지 않고 그저 남들이 가는 방향대로 따라 달리는 인간의 행동을 '무리 짓기 행동(herding behavior)'이라고 부른다. 각자의 상황도 다르고 앞에서 무리를 이끄는 사람이 잘못된 판단을 했을지도 모르건만 자기 스스로 생각하기를 거부하고 맹목적으로 남들을 따라 하는 것을 가리키는 말이다. 자연에서는 많은 동물이 이런 무리 짓기 행동을 하다가 절벽에서 동시에 떨어져 죽기도 한다. 지금 내가 속한 무리가 절벽을 향해 달리고 있지는 않은지 반드시 확인할 필요가 있다.

내가 그동안 지인들에게 이사를 결정하기 전에 대학교 모집 요강을 꼭 읽어보라고 조언했건만 이를 새겨듣고 실천에 옮긴 사람은 없는 것 같다. 자식 교육을 위해 수십억 원 하는 강남의 아파트로 이사를 하면서도 과연 그 이사가 자녀의 대학 입시에 실질적 도움이 되는지 확인하기 위해 2~3일을 투자하여 모집 요강을 꼼꼼히 읽어보지는 않는 것이다. 이런 행동을 합리적이고 이성적이라 보기는 어렵다. 이런 게 어쩌면 '무리 짓기 행동'이 아닌가 싶다.

강남 학군의 고등학생들이 명문대학교에 많이 진학한다는 것은 익히 알려진 사실이고 그래서 다들 자녀 교육을 위한다며 강남으로 이사한다. 하지만 조금만 더 생각해보면 이는 정확하지 않은 분석이다. 왜냐하면 중학교 때 똑같은 성적을 낸 아이들이 졸업

경제학에서는

남들이 가는 방향대로 따라 달리는 인간의 행동을

'무리 짓기 행동'이라고 부른다.

자연에서는 많은 동물이

이런 무리 짓기 행동을 하다가

절벽에서 동시에 떨어져 죽기도 한다.

후 강북의 학교와 강남의 학교로 각각 진학했을 경우를 나란히 비교해봐야 정확한 분석이 가능하기 때문이다. 강남의 고등학교 에는 성적 좋은 중학생들이 워낙 많이 들어오기 때문에 이 점을 고려하면 명문대학교에 적게 보내는 셈이고, 반면 강북의 고등학 교들은 성적이 좋은 중학생이 상대적으로 적다는 점을 고려하면 도리어 명문대학교에 많이 보내는 것이 현실이다. 학생부 전형은 내신 성적의 영향력이 매우 크다. 경쟁이 약한 고등학교에서 좋은 내신을 받기가 좀 더 수월하고 따라서 합격 가능성도 높다는 것은 당연한 귀결이다.

인간이 똑똑하고 이성적이라는 것은 맞는 이야기다. 하지만 이 런 똑똑한 두뇌를 이용하여 옳은 결정을 내리려면 관련 자료를 모 두 수집해서 읽고 오래 비교하고 계산하는 시간이 필요하다. 아마 시간을 들여 정보를 수집한 뒤 계산을 해본다면 대다수 사람은 최 선의 선택을 하게 될 것이고, 만약 모든 사람이 똑같이 머리를 써 서 연구하고 노력한다면 그때는 다른 사람보다 앞서 나가기가 매 우 어려울 수 있다. 하지만 미리 낙담할 필요는 없는데, 대다수 사 람이 영화를 보고 게임을 하고 술을 마시고 골프를 치면서 시간을 보낼 뿐 이런 정보 수집, 계산이나 머리를 써야 하는 일에는 그다 지 시간을 들이지 않기 때문이다. 개인마다 지능의 차이는 좀 있 을지 모르지만 그 차이는 다른 이보다 머리를 쓰는 시간을 조금만 더 들이면 금방 극복할 수 있다. 그러니 머리 쓰는 시간을 남보다 늘리자는 말이다.

그렇다면 퇴근 후 저녁 시간이나 주말에 인터넷 검색이나 독서 등으로 정보를 얻은 뒤 이를 한두 시간 동안 곰곰이 따져보고 남보다 조금 더 철저히 계산해본다면 어떤 업무에서든 그렇게 하지 않는 사람들보다 앞설 수 있을 것이다. 이렇게 머리 쓰는 작업으로 시간을 보내면 또 다른 경제적 이득도 얻는다. 바로 비용 대비 효율이 매우 좋다는 사실이다. 인터넷으로 검색하고, 잘 아는 친구에게 전화나 문자로 물어보고, 책을 읽으며 새로운 사실을 배우고, 의자에 앉아 이런저런 궁리를 하다 보면 주말도 금세 지나간다. 즉, 이런 취미 생활은 돈이 거의 들지 않는 데 비해 얻는 것은 꽤 크다.

'머리 쓰기'는 최저 비용에 최고 효용을 가져다주는 일

주말이면 나는 다음 주 수업에서 학생들을 더 잘 이해시키기 위해 어떻게 설명할까 하는 생각도 하지만, 때로는 이번 주에 기분이 우울한 아내와 아들을 데리고 어느 맛있는 식당에 갈까, 거기서 어떤 재미있는 이야기로 그들의 기분을 좋아지게 할까도 생각하며 많은 시간을 보낸다. 일요일 점심시간이 다 되어서야 "오늘 우리 어디서 점심 먹을까?" 하기보다는 아침 9시부터 이런저런 식당을 머릿속에 떠올러두었다가 12시가 되었을 때 어느 식당으로 가자고 하면 가족들이 맛난 점심을 먹고 훨씬 좋은 분위기에서 일요일 오후를 보낼 확률이 커진다. 이를 나는 여러 번의 경험을 통해 확신하게 되었다.

더 나아가 아들의 지난달 성적이 나빴던 이유에 대해 저녁이나 주말에 나름대로 연구해 맛난 점심을 같이한 뒤 좋은 분위기에서 이야기를 나누면 더 효과적일 때가 많았다. 이렇듯 돈이 별로 들지 않으면서도 업무 능력을 향상시키고 가족의 화합도 도모할 수 있는 '머리 쓰기'를 취미로 가져보기를 권하는 바이다.

최근 우리 학과에 근무하는 젊은 교수 중 한 사람이 가족들 사이에서 위상이 올라간 일이 있었다. 이 교수는 은행에서 대출받아 아파트를 사자는 아내의 의견을 따르지 않아 몇 년이나 원성을 사고 있었다. 더욱이 한두 해 전만 해도 아파트 가격이 오르는 추세였으니 아내로서는 자기 말대로 아파트를 사지 않은 남편을 도통 이해할 수 없었을 것이다. 하지만 전 세계의 중앙은행이 인플레이션을 잡기 위해 금리를 올리면서 부동산 가격은 폭락하였다. 더구나 은행에서 대출받아 집을 산 경우에는 대출 금리는 높아지는데 구매한 아파트 가격은 떨어지는 최악의 상황을 겪는 일도 있었지 않은가.

이 젊은 경제학 교수는 나라의 인구가 계속 줄어들고 있고 경제 성장률도 점차 낮아지는 상황에서 아파트 가격이 계속 오른다는 가정으로 남들이 사니까 빚을 내서라도 따라 사는 건 결코 올바른 선택이 아니라고 판단했던 것이다.

어떤 상황에서도 남들이 하니까 나도 한다는 이유로 투자를 해서는 안 된다. 인간의 가장 큰 자랑인 두뇌를 이용해 철저히 분석부터 해봐야 한다. 꼼꼼히 검토해 자신만의 결론을 내는 것이 필수라는 이야기다. 매사에 그런 작업을 거친다면, 첫째 잘못된 투자로 손해 볼 확률이 줄어들 것이고, 둘째 그 결과 손해 보는 일이 생기더라도 자신이 오래 고민해서 이성적 판단으로 내린 결정이었으니 후회도 덜할 것이다.

나의 개인적 경험을 말하자면, 열 가지 투자 방법을 생각해보다가 대개 그중 아홉 가지는 하지 말자는 결론을 얻게 되는 경우가 많았다. 나쁜 투자이거나 나쁘지는 않지만 현재 내가 돈을 넣어놓은 투자에 비해 딱히 더 좋지 않은 경우가 대부분이었기 때문이다. 물론 여기에는 나의 조심스러운 성격도 작용했을 것이다. 하지만 열 번을 검토해 아홉 번을 포기하더라도 그 과정에서 많은 것을 배우게 된다. 그리고 이런 배움은 남은 한 번의 선택에서 성공 확률을 높여주는 밑거름이 된다.

예일대 철학과의 셸리 케이건(Shelly Kagan) 교수가 집필한《죽음이란 무엇인가》라는 책을 읽으며 죽음을 두려워하는 건 좋은 것이라는 말에서 나는 깊은 감명을 받았다. 지금의 삶이 너무 괴로우면 차라리 죽어서 무(無)로 돌아가고 싶을 터인데, 삶에 미련이 있고 죽기 싫다는 것은 지금의 삶이 만족스럽고 행복하기 때문이라는 이야기이다.

그리고 그는 영원한 우주의 시간에 비하면 이렇게 짧은 순간에 불과한 우리의 인생을 원망하는 것도 옳지 않다고 말한다. 우리 주변의 무수한 원자들은 단 한 번도 생명을 얻어보지 못한 채 돌과 물과 흙으로 존재하는데 나는 특별히 눈으로 바라보고 냄새도 맡아보고 분석까지 해가며 세상 이치를 탐구하는 두뇌를 타고났으니 정말 선택받은, 운 좋은 원자들의 조합이라는 것이다. 저절로 생겼는지 신이 창조했는지는 모르지만 꽃과 저녁노을도 볼 수 있고, 자녀를 키우는 기쁨도 체험할 기회를 얻은 우리 인생에 감사해야 한다는 것이었다.

이 책을 읽고 나는 결국 우리에게 주어진 이 짧은 인생을 배움에 사용하는 것이 가장 맞겠다는 결론을 내렸다. 뛰어난 두뇌를 타고난 행운을 가진 우리 인간이 세상 돌아가는 원리를 공부하지 않는다면 그건 귀중한 시간을 낭비하는 일이다. 무엇보다도, 무생물이나 세상을 이해할 능력이 없는 또 다른 생물과 비교할 때 인간만이 누릴 수 있는 궁극의 즐거움이란 결국 공부가 아니겠는 가?

노벨 경제학상을 받은, 나의 하버드 시절 지도교수님은 언젠가 자기 딸을 보면 너무나도 안타깝다며 이런 말을 한 적이 있다. "내 딸은 수학의 아름다움(the beauty of mathematics)을 깨닫지 못한 것 같다." 노벨상을 받을 정도의 두뇌를 타고나지 못한 우리에게 수학의 아름다움을 논하는 건 어려운 이야기일지 모르지만, 이 세 상이 어떻게 돌아가는지 머리를 써서 알아보는 것 정도는 고통이 아니라 즐거움이 될 수 있을 것이다. 보너스로 경제적 이득도 얻 을 수 있으니 어찌 머리를 쓰는 노력을 마다할 수 있을까.

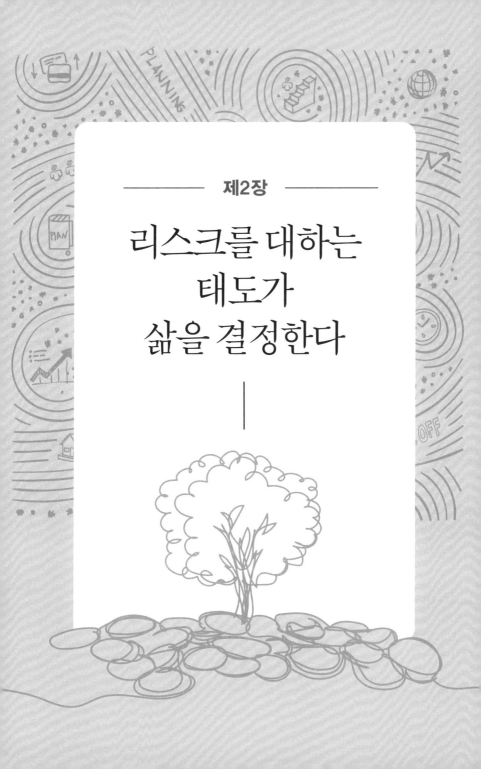

제2장

리스크를 대하는
태도가
삶을 결정한다

1

리스크,
회피할 것인가 뛰어들 것인가?

2004년경이었던 것으로 기억한다. 그때 나는 대학에 부임한 지 2년밖에 안 된 햇병아리 교수였는데, CEO 교육과정의 책임을 맡게 되어 지위나 연배가 나보다 높은 분들과 식사 자리를 같이한다든지 하는 일이 많았다.

그때 한 CEO가 강남 쪽으로 이사해 아파트를 사면 앞으로 가격이 많이 오를 것이라며 조언해준 적이 있다. 이에 대한 나의 답변은 "저는 지금 교수가 된 지 얼마 되지 않아서 강남 아파트를 살 돈이 없습니다."였다. 그러자 제안을 해준 분이 다시 "직업이 교수이니 은행에서 대출받기가 쉬울 것"이라며 그렇게 사라고 권하였다.

  사실 당시의 내 생각으로도 강남 아파트는 가격이 많이 오를 것 같았다. 실제로 20년이 지난 현재 시점에서 보면 엄청나게 올랐다. 그때 그 CEO의 말대로 은행에서 대출을 받아서라도 사는 것이 경제적으로는 올바른 선택이었다. 하지만 나는 강남의 아파트를 살 생각이 전혀 없었고 결국 사지도 않았다. 왜냐하면 꼬박꼬박 월급이 나오는 교수를 직업으로 삼고 있으니 아마도 향후 먹고사는 데 큰 문제가 없으리라 판단했고, 그렇다면 괜히 은행에 빚을 지고 비싼 아파트를 샀다가 아파트 가격이 혹시라도 하락하면 빚더미에 올라앉게 된다고 판단했기 때문이었다.

  사실 나는 지금껏 살면서 빚을 져본 적이 한 번도 없다. 위험한 대규모 투자 또한 해본 적이 없다. 그렇지만 이제 2장에서는 앞서 1장에서 서술한 것과는 조금 다른 이야기를 해보려고 한다. 1장에서, 지출과 비용을 줄이며 절약하는 것을 강조했다면 이제는 좀더 적극적으로 '돈 버는 이야기'를 해보려는 것이다.

능력에 기댈 것인가, 운에 기댈 것인가?

돈은 어떻게 버는가? 생각해보면 딱 두 가지로 요약된다.

첫째는 능력과 노력이다. 사람마다 능력의 차이는 분명히 존재한다. 다만 이런 능력의 차이가 태어날 때 유전적으로 갖고 나오는 것인지 아니면 더 열심히 공부하고 자신을 위해 투자한 결과인지는 확실치 않다. 아마도 두 요소가 모두 작용할 것이다.

하지만 '노력'은 너무나 자명한 요소이다. 아무리 능력이 있어도 노력하지 않으면 능력을 발휘할 수가 없으니 노력은 반드시 필요하다. 능력이 되는 사람이 매일 성실하게 꾸준히 노력하면 반드시 그에 상응하는 수입을 올릴 수 있다. 대부분의 근로소득이 여기에 해당한다.

둘째는 운이다. 당연히 운이 좋으면 돈을 벌 수도 있고 출세를 할 수도 있다. 주식투자나 부동산투자는 대표적으로 위험을 감수하여 돈을 버는 방식인데, 이런 경우에는 능력이나 노력보다는 운에 따라 이익이 크게 좌우된다.

대체 '운'이란 무엇일까? 그 '운'이라는 것에 대해 조금 더 자세히 알아보자. 사실 운은 인간이 아니라 신이나 초자연적 존재가 무작위로 우리에게 주는 것, 즉 주사위 던지기 같은 것이라서 운을 연구한다거나 공부한다고 해서 그 결과로 돈을 번다는 것은 어불성설이라 생각한다. 하지만 경제학에서는 운을 좋게 만들 수는 없지만 자기 인생을 얼마나 운에 의존할지는 선택할 수 있다고 본다. 다시 말해, 자기 인생에서 몇 퍼센트를 착실하게 한 푼 한 푼 모으는 투자를 하고 다른 몇 퍼센트를 주사위를 던져 '모 아니면 도'라는 식의 선택을 할지는 개인이 각자의 처지에 따라 경제학적 계산을 해보고 선택할 수 있다는 것이다.

이를 '리스크 테이킹(risk taking)', 즉 위험 감수라고 부른다. 내 운을 어떻게 좋게 만들지는 당연히 경제학자도 알지 못한다. 다만 경제학은 매달 월급을 받아 은행에 정기예금을 하는 것과 은행에서 빚을 얻어 부동산에 투자하는 것을 비교해, 정기예금은 운이 거의 작용하지 않지만 부동산투자는 운이 크게 작용한다는 사실을 구분해준다.

당연한 일이지만, 운이 크게 작용하는 투자는 좋을 때는 아주 좋지만 나쁠 때는 또 몹시 나쁘다는 특징이 있다. 빚을 얻어 주식이나 코인이나 부동산에 투자했을 경우 잘되면 큰돈을 벌 수 있지만 반대로 신용불량자가 될 수도 있다는 이야기다. 꼬박꼬박 정기예금을 하면 결코 큰돈은 벌 수 없다. 반면, 절대로 신용불량자가 되지도 않는다.

그렇다면 이제 각 개인은 자신의 경제적 미래를 운에 맡길지, 아니면 능력과 노력에 맡길지를 선택해야 한다. 위험을 피해 안전한 길만 택한다면 평생 절약하고 규모 있는 삶을 이어가면 된다. 하지만 주변에서 돈 많아 좋겠다는 부러움을 살 가능성은 거의 없다. 오히려 주식이나 코인에 투자해 부자가 된 친구를 보고 부러움에 잠을 못 이룰 가능성이 매우 크다.

여담인데, 고등학교 동문회에 가보면 학생 시절 공부 잘하던 친구들은 죄다 평범한 월급쟁이가 되어 있다. 반면, 공부는 좀 뒤처졌지만 사업을 하거나 부동산에 큰 투자를 한 친구들은 깜짝 놀랄 정도로 부자가 된 경우가 종종 있다. 위험을 감수하고 운에 승부를 걸어 승리한 친구들이다. 하지만 인생의 많은 부분을 운에 의존하는 방식이 늘 성공하는 것은 아니다. 성공하기는커녕 빚더미에 올라앉아 가정이 파탄을 겪게 된다든지, 그 정도로 심각하지는 않아도 중고등학생 자녀에게 필요한 책도 제대로 못 사주고 학원도 못 보내는 일이 벌어질 수도 있다.

이렇듯 운에 크게 좌우되는 선택을 한다면 소위 '모 아니면 도'의 인생이 될 것이다. 성실하고 안전한 방식보다 도박을 감수하는 방식이 평균적으로 더 높은 수익을 올릴 수 있다. 하지만 운에 기댈 경우 아무리 많은 돈을 벌게 된다고 할지라도 중간에 반드시 파탄에 가까운 위기를 겪는다고 생각해야 한다. 최악의 운을 만나면 치명적 타격을 입고 파산에서 헤어나지 못하는 경우도 있다. 즉, 고생 끝에 크게 성공하든지 고생 끝에 파산하든지 둘 중 하나이지 평생토록 내내 운이 좋을 수는 없다는 이야기다.

안전한 길을 택해 성실하게 노력하는 방법이 매일 100원이 생기는 것과 같다면 운에 기대어 승부를 거는 것은 동전을 던져서 앞면이 나오면 600원을 얻고 뒷면이 나오면 300원을 잃는 것과 같다. 평균을 내보면 동전 던지기의 이익은 150원이다. 능력과 노력에 기대 성실히 사는 경우의 이익인 100원보다 높다.

하지만 매일 동전을 던지다 보면 뒷면이 10번 연속 나오는 일도 일어나기 마련이다. 물론 앞면이 연속으로 10번 나오는 일도 일어나기 때문에 장기적으로 보면 괜찮다. 하지만 뒷면이 연속으로 10번 나오면 3,000원의 손실을 보게 되고 이때 이 돈을 감당하지 못하면 파산하게 된다. 파산하면 더는 동전을 던질 수가 없다. 그리고 경제적으로 파산하게 되면 가정의 평화도 깨지고 자신은 물론 자녀들의 인생까지 엄청난 타격을 입게 된다. 강심장이 아니라면 함부로 택할 수 없는 길이다.

미국 유학, 내 인생의 운을 건 도박

그러면 어떻게 해야 할까? 무조건 안전하게 살아가야 할까? 아니다. 그런 인생도 답이 아니다. 100% 안전하게 사는 것에도 문제는 있다. 이는 반드시 돈의 문제만은 아니고 인생철학의 문제다. 결국 정답은 두 방식을 섞는 것이다.

앞서도 말했듯 나는 지금껏 한 번도 빚을 지지 않았고 부동산투자도 한 적이 없다. 하지만 이런 나도 인생에서 중요한 순간에 위험을 감수한 도박을 한 적이 있는데, 바로 미국으로 유학을 간 일이다. 미국의 하버드대학교에서 5년간 공부해 경제학 박사학위를 받았는데, 나는 이 선택이 내가 가진 운을 스스로 시험해본 것이라 생각한다. 그 이유는 이렇다.

지금도 미국 박사과정에 합격하여 공부를 시작하는 한국 학생들 가운데 10~20%는 박사학위를 받지 못하고 있다. 문제는 박사과정에 입학하는 나이가 거의 20대 후반이고 4~5년 공부하다 실패하면 그때 나이가 30대 초중반이 된다는 것이다. 아무리 우수한 사람이라도 공부만 하다가 서른을 훌쩍 넘긴 뒤 원하는 자리에 취직하기란 쉽지 않다. 즉, 박사학위를 취득하려다 실패하면 그다음에 인생의 진로를 다시 모색하기가 어려워지는 것이다. 그래서 실패 확률이 10~20%라 해도 미국 유학과 박사학위 취득이라는 도전은 당사자들에게 상당한 부담이다. 게다가 박사학위를 따려면 적지 않은 학비와 생활비를 쓰게 되는데 만약 취득에 실패하면 이 돈이 아무런 보람도 없이 사라지고 마는 것이 아닌가.

또한 한국과 달리, 미국의 교수님들은 능력이 부족하거나 게으르다고 판단되는 학생이 있으면 가차없이 퇴학시킨다. 시험에 모두 통과하더라도 담당 교수가 이 학생은 학자의 재목이 아니라고 생각하면 학생을 불러 짐을 싸서 돌아가라고 말한다. 그러면 정말 짐을 싸야 한다. 그만큼 살벌한 분위기다.

나와 함께 하버드 대학원 경제학 박사과정에 입학한, 전 세계에서 모여든 45명의 동기생 가운데 다섯 명이 중간에 자퇴를 하거나 퇴학을 당했다. 그들 또한 자기 나라에서 공부할 때는 뛰어나다고 인정받은 학생들이었을 것이다. 하버드 대학원의 박사과정을 통과하기가 그만큼 쉽지 않다는 이야기이다.

지금 생각해봐도 내가 만일 유학 중 공부에 실패해서 나이만 많고 박사학위는 갖지 못한 처지가 되었더라면 내 인생이 어떻게 되었을까 오싹한 기분이 든다. 결국 지금 내가 가족과 함께 비교적 풍족한 경제생활을 하는 것은 그때 유학이라는 도박에 성공한 덕분이다.

고위 공무원이 되기 위해 고시를 보든 로스쿨 입시에 응시하든 회계사 자격증 시험을 보든, 이 모두가 위험을 감수하는 일, 즉 도박이다. 내 제자 중에도 정말 똑똑한 학생이 수년간 이런 시험에 응시했다가 계속 실패하여 타격을 입은 경우가 많다. 하지만 그런 위험을 무릅쓰고 지금도 많은 학생이 이런 시험을 준비하고 있다.

물론 유학을 가서 박사학위를 취득하거나 국내의 어려운 시험에 통과하려면 능력과 노력이 필요하지만, 워낙 극소수만 선발하기 때문에 운도 분명히 작용한다. 이런 운에 따라 인생이 달라지는 위험이 싫다면 경쟁이 덜 치열한 분야를 찾아 보다 안전한 길을 모색해야 한다.

당신의 '위험 감수' 범위를 파악해두라

하지만 아무 위험도 감수하지 않은 채 그저 안전하기만 한 인생을 사는 게 과연 행복할지는 생각해봐야 한다. 안전한 길을 선택해 그렇게 영원히 살 수 있다면야 괜찮겠으나 인간은 어차피 죽는다. 한 번 태어나서 한 번 죽는 운명을 타고났는데 평생 안전한 길만 걷는다면 마지막에 후회가 들지 않을까?

너무 자주 위험한 길을 선택하고 도박을 하는 것은 옳지 않다. 확률적으로 실패 확률이 50%라면 열 번 위험을 택했을 때 반드시 다섯 번은 실패하게 된다. 계속 운이 좋을 수는 없다. 반면, 평생 한 번도 도박을 하지 않는다면 그것도 옳지 않다. 언젠가 자신의 평범한 인생에 대해 후회가 들기 마련이라 그렇다. 내 주변에도 자기가 왕년에 얼마나 잘나갔는지 그리고 그때 마음만 먹었다면 지금 엄청나게 성공했을 텐데 하며 후회하는 사람들이 상당히 많다. 한 번 사는 인생인데 이렇게 인생에 미련을 남기고 아쉬움을 품은 채 죽는 것도 현명한 일이 아닐 것 같다.

그래서 중요한 것이, 자신이 위험을 얼마만큼 감수할 수 있는지 평소 잘 생각해두는 일이다. 위험 감수에 대한 계획을 미리 세워놓아야 하는 것이다. 그리하여 기회가 왔을 때 당황하지 않고 계획에 따라 그 도박에 참여할지 말지를 결정하는 태도가 필요하다.

참고로 나는 내 재산의 15% 정도를 주식에 투자하고 있다. 내게는 유일하게 위험한 투자인 셈이다. 그것도 개별 주식이 아니라 S&P 500 인덱스 펀드 등에 넣고 있다. 15%라는 기준은 내가 정한 것인데, 만일 주식에 투자한 돈을 다 잃게 되더라도 내가 잠을 못 자서 병이 나거나 가족들의 생활에 큰 영향을 주지 않을 범위라고 생각해서다.

다시 말해, 안정 지향인 나 또한 '위험 감수' 범위가 0%는 아닌 것이다. 이는 내가 연금 위주로 노후 대비를 철저히 하더라도 한 가지 대비할 수 없는 것이 인플레이션이라고 판단했기 때문이다. 인플레이션이 지속되면 정기예금보다 주식이 낫기에 이에 대비해 주식도 사놓은 것이다.

사실 나는 연구실 벽에 도박(賭博)의 '賭' 자를 걸어놓고 있다. 워낙 안정 지향적인 성격인지라, 위험하지만 기회가 왔을 때 용감히 도전하자는 자기 암시를 위해서이다. 물론 빚을 지면서까지 도박을 할 생각은 없지만, 새로운 기회가 찾아왔을 때 시간과 노력을 들여 한번 도전해보려는 마음은 항상 가지고 있다. 그 시간과 노력이 수포로 돌아가더라도 필요할 때는 위험도 감수해보자는 다짐인 셈이다.

내 가족 중에 내가 귀감으로 삼는 용기 있는 한 분이 계시는데, 바로 외할머니다. 외할머니는 사업가 기질이 있는 분이었다. 한국전쟁 당시 외할아버지와 외할머니는 인천에 살고 계셨는데, 북한군에 체포되면 목숨을 잃을 수도 있는 외할아버지는 따로 먼저 피난을 가시고, 외할머니가 자식들을 데리고 고향 충청남도로 피난하셨다고 한다. 고향에 머물던 외할머니가 보니, 당시 엄청나게 많이 재배된 담배들이 판매처를 찾지 못해 모두 밭에서 썩어가는 상황이었다.

외할머니는 그 담배를 헐값에 사들인 후 트럭에 싣고 밤길을 달려 서울로 올라와 담배를 팔았다고 한다. 판매할 곳이 없는 충청남도의 담배를 사다가 전쟁의 와중이라 귀해진 담배를 찾는 서울의 애연가들에게 판 것이다. 사방에서 총성이 들리던 전쟁통에 밤새 트럭에 담배를 싣고 서울로 가서 돈을 벌고, 아침에 다시 그 돈을 들고 충청남도로 돌아오다니 실로 대단한 용기가 아닐 수 없다. 자칫 잘못하면 북한군의 총에 맞거나 미군의 폭격으로 목숨을 잃을지도 몰랐을 텐데 말이다.

나는 연구실 벽에 도박(賭博)의 '賭' 자를 걸어놓고 있다.

워낙 안정 지향적인 성격인지라,

위험하지만 기회가 왔을 때

용감히 도전하자는 자기 암시를 위해서이다.

한국전쟁이 끝난 후 외할머니는 인천으로 돌아와 항구에서 창고업을 하셨다. 아마 담배를 팔아 번 돈이 사업 밑천이 되지 않았을까 짐작된다. 그리고 그렇게 고생해서 번 돈으로 자녀들은 물론이고 시골의 가난한 조카들 10여 명을 인천으로 불러 모두를 대학 교육까지 시키셨다.

여러 번 말하지만, 위험 감수 또는 도박을 자주 하면 반드시 실패를 겪게 된다. 주사위를 던져 계속 좋은 숫자만 나오는 사람은 이 세상에 없다. 인생에서 중요한 순간에 몇 번만 도박을 하든지 아니면 도박에 실패하여 큰 손해를 입더라도 이를 극복할 만큼 강한 정신력을 갖고 있어야 한다. 결론적으로, 필요할 때는 위험을 감수해야 하지만 그 횟수와 액수는 최소한으로 줄이는 것이 대부분의 사람에게는 정답이다.

나의 '리스크 테이킹' 성향 테스트

마지막으로 자신이 위험을 기꺼이 감수하는 성향인지 아니면 위험을 극도로 싫어하는 기피 성향인지를 알아보는 자가 테스트 방법을 소개한다.

어떤 사람이 당신에게 게임을 하나 제안했는데, 그 게임을 하려면 일단 당신이 1억 원의 돈을 내야 한다. 1억 원을 내면 당신은 동전을 던질 수 있는데, 동전의 앞면이 나오면 2억 원을 받지만 뒷면이 나오면 돈을 받지 못한다. 당연히 동전의 앞면과 뒷면이 나올 확률은 각각 2분의 1이다. 따라서 이 게임에서 당신이 평균적으로 얻을 수 있는 상금은 1억 원이다.

$$\frac{1}{2} \times 2억 원 + \frac{1}{2} \times 0원 = 1억 원$$

이 게임은 경찰관이 입회해서 진행되므로 부정이나 사기성은 전혀 없다고 전제하자. 일단 객관적으로 봤을 때 이 게임은 경제학 용어로 '공정한 게임(fair game)'이다. 즉, 당신이 1억 원을 냈는데 게임의 평균 예상 수입이 1억 원이므로 게임을 주최하는 사람이나 게임에 참여한 당신이나 누구도 더 유리하지 않다. 이런 게임을 공정한 게임이라고 한다.

어쩌겠는가? 당신은 1억 원을 내고 이 게임에 참여하겠는가? 게임에 참여하면 당신은 앞면이 나왔을 때는 1억 원을 내고 2억 원을 받았으니 순이익이 1억 원이 된다. 하지만 뒷면이 나오면 이미 낸 1억 원이 그대로 손해가 된다. 즉, 당신에게 이 게임에서 순이익의 기댓값은 0원인 셈이다.

$$(\frac{1}{2} \times 2억\ 원 + \frac{1}{2} \times 0원) - 1억\ 원 = 0원$$

만일 당신이 이 게임에 참여한다고 대답한다면 당신은 매우 희귀한 사람이다. 경제학에서는 이런 공정한 게임에 참여하는 사람을 위험 선호자(risk lover)라고 부른다. 이 세상의 대다수 사람은 위험을 선호하지 않는다. 그래서 이와 같은 공정한 게임에 참여하지 않는다.

반면, 당신이 이 동전 던지기 게임에 참여할 마음이 없다면 당신은 위험 기피자(risk averter)이다. 나의 확실한 돈 1억 원을 내고 50%의 확률로 2억 원을 벌고 50%의 확률로 0원을 얻는 위험한 게임을 할 마음이 없으니 말이다. 위험을 싫어하기 때문에 현금 1억 원을 주고 위험 가득한 동전 던지기 게임을 할 마음이 없는 것이다.

그런데 대다수 사람이 비록 위험 기피자이기는 해도, 그들의 위험 기피 정도가 같지는 않다. 예를 들어, 당신이 1억 원을 내고는 도저히 이 게임에 참여하지 않을 것임을 깨달은 게임의 주최자가 당신에게 8,000만 원만 내도 된다고 하면 어쩌겠는가? 동전 던지기의 평균 예상 수입은 여전히 1억 원인데 당신은 8,000만 원만 내도 되므로 이 게임은 공정한 게임이 아니라 당신에게 유리한 게임이 되었다. 이제 순이익의 기댓값은 2,000만 원이다. 당신은

8,000만 원을 내고 게임에 참가하겠는가?

당신은 어떤 선택을 할지 모르겠지만, 이번에도 나는 참여하지 않을 것이다. 그럼 나는 얼마를 내면 게임에 참가할까? 나는 3,500만 원만 내도 된다면 그때 참가할 것 같다. 4,000만 원은 내지 않을 것 같다. 따라서 만일 당신이 4,000만 원을 내고 이 게임에 참가할 의향이 있다면 당신은 나보다 덜 위험 기피적이다. 반대로 만일 당신이 최대 2,000만 원만 낼 용의가 있다면 당신은 나보다 더 위험 기피적인 사람이다.

가족이나 친구들과 둘러앉아 서로 얼마까지 내고 이 게임을 할지 확인해보라. 집안에서 가장 위험을 감수하며 모험에 뛰어들 의사가 있는 사람이 누구인지, 반대로 절대로 모험을 하지 않고 안전한 길만 택할 사람이 누구인지 쉽게 확인할 수 있을 것이다. 결국 위험을 좋아하거나 타인보다 덜 싫어하는 사람은 자신의 특성 때문에 남들보다 모험적인 삶을 살 가능성이 높다. 인생의 파도가 많을 것이다. 반면 위험을 극도로 싫어하는 사람은 안정적 삶을 살 가능성이 높다. 고요하고 편안하지만 밋밋하고 지루한 인생이 될 수 있다.

누가 옳다고는 말할 수 없다. 각자의 개성이기 때문이다. 하지만 위험에 대한 자신의 태도를 미리 파악해 어느 정도까지 위험을 감수할지 사전에 계획을 세워두어야 한다. 철저한 계획하에 위험을 감수하면 실패해도 후회가 없기 때문이다. 또 자신도 중요하지만 배우자의 위험 성향도 이 실험으로 한번 파악해볼 필요가 있겠다. 결국 위험을 감수하는 투자 결정은 가족이 함께 내려야 하는 문제이기 때문이다.

한편, 위험을 기피하겠다는 결심도 미리 해놓아야 한다. 당신 스스로 변화도 없고 파도도 없는 편안한 삶을 추구하고자 결심했다면, 주변에서 친구들이 주식이나 코인으로 아무리 큰돈을 벌더라도 거기에 흔들리지 말아야 한다. 왜냐하면 당신은 위험을 감수하고 큰돈을 버는 길을 철저히 분석한 끝에 포기한 것이기에 그렇다.

젊은 시절에 해야 할 투자는 '코인'도, '주식'도 아니다

　내 수업을 듣는 젊은 학생들과 이야기를 나누다 보면 적게는 수십만 원, 많게는 수백만 원을 주식이나 코인에 투자한 경우가 꽤 있다. 물론 일찌감치 금융자산을 보유하며 투자 경험을 쌓는 것이 바람직하다고 생각하는 사람들도 있을 것이다. 나 역시 그 말에는 어느 정도 동의한다. 그렇지만 나는 학생들의 이런 투자 행동이 경제학 측면에서는 잘못된 선택이라고 본다. 왜냐하면 '인생'이라는 한정된 시간을 최대한 활용하며 살아야 하는 '인간'은 시간의 투자효율과 투자회수 기간을 반드시 고려해야 하기 때문이다.

대학생의 주식투자, 경제학적으로 옳은 선택일까?

우선, 투자효율에 대해 생각해보자. 한 대학생이 자신의 전 재산 100만 원을 가지고 열심히 주식투자를 한다고 해보자. 매일 3시간 동안 열심히 자료를 분석하고 전문가 의견을 참고해 투자했더니 연간 200%라는 경이로운 수익률을 올려 100만 원이 1년 뒤 300만 원이 되었다. 과연 이 학생은 칭찬받아 마땅한가? 나는 아니라고 생각한다.

젊은 시절 매일매일 3시간이라는 귀한 시간을 1년간 투자해 번 돈이 200만 원에 불과하기 때문이다. 비록 수익률이 200%라 엄청나게 높아 보이지만, 원금이 100만 원이었으니 수익금의 절대적 크기는 초라할 수밖에 없다.

반면, 이 대학생이 매일 3시간씩 열심히 1년간 공부해 로스쿨에 진학한다든지 아니면 회계사 시험에 합격한다면 어떨까? 로스쿨에 진학해 좋은 로펌에 들어가면 이 학생은 한 달에 1,000만 원이 넘는 월급을 첫 달부터 받을 것이다. 회계사가 되어도 비슷하다.

투자의 효율성 측면에서 이 대학생은 얼마 되지 않지만 자신에겐 큰 돈을 투자하고 5분마다 주식 가격을 체크하며 시간을 보내기보다는 열심히 공부해 좋은 직장에 들어가는 것이 경제학적으로 명백히 옳은 선택이다. 좋은 직장을 다니면서 몇 년간 월급을 착실히 저축해 그 액수가 1억 원쯤 되었을 때 투자를 하는 편이 같은 시간을 들여 훨씬 많은 이익을 내는 길이기 때문이다.

이렇게 1억 원을 투자해 수익률이 200%는커녕 10%에 그친다 해도 그때의 수익금은 1,000만 원이다. 대학생 때 벌어본 200만 원보다 훨씬 큰 금액이 아닌가. 아마 투자에 쓰는 시간도 3시간이 아니라 하루 30분 정도면 충분할 것이다. 그 와중에 매월 월급은 꼬박꼬박 들어올 테고 말이다.

투자 원금이 작다는 것 말고도 대학생이 투자에 너무 많은 시간을 쓰는 것이 좋지 않은 또 하나의 이유는 인생에서 30세까지가 학습 효과가 가장 좋을 때이기 때문이다. 20대에 1시간 공부해 이해할 내용이 30대가 되면 2시간 정도 걸릴 것이고, 40대가 되면 5시간 정도 걸릴 것이다. 50대 이상은 아무리 공부해도 잠시 후 잊어버려 공부의 효율이 거의 사라질 가능성이 높다.

따라서 50대의 1시간과 20대의 1시간은 물리적으로는 똑같은 1시간이지만 경제적 측면에서는 그 중요성이 하늘과 땅 차이이다. 그렇다면 20대의 시간은 온전히 학습에 사용하고 50대의 시간은 돈 버는 데 사용하는 것이 정답일 것이다.

20대에 열심히 공부하여 실력을 키운 사람은 50대에는 지위가 많이 올라가 1시간에 100만 원을 받을 수도 있다. 하지만 20대에 눈앞의 작은 이익에 치중하느라 공부를 소홀히 한 사람은 50대가 되었을 때도 제자리걸음을 걷고 있을 가능성이 크다. 당연히 20대에는 돈을 전혀 벌지 못하더라도 공부에 매진하고 이를 바탕으로 좋은 직장에 들어가 50대에 시간당 100만 원을 버는 것이 이득이다. 공부와 돈을 버는 순서가 다를 뿐이지만 이 두 사람의 평생의 경제적 풍요는 엄청난 차이가 날 수 있다. 그러니 공부하기 좋은 나이에 공부하고 돈 벌기 좋은 나이에 돈을 벌어야 한다.

少年易老 學難成(소년이로 학난성)

一寸光陰 不可輕(일촌광음 불가경)

소년이 늙기는 쉬우나 학문을 이루기는 어려우니

아주 짧은 시간도 가벼이 여기지 마라.

성리학의 창시자 주자(朱子)의 《주문공문집(朱文公文集)》 중 〈권학문(勸學文)〉에 나오는 시의 첫 구절인데, 인생을 어떻게 살아야 경제학적으로 잘사는 것인지를 아주 잘 표현하고 있다. 공부는 젊을 때 해야 하는데 그 젊음의 시간이 짧으니 일분일초를 아끼며 열심히 공부해야 한다는 뜻이다.

내게 외국 유학을 상담하러 오는 학생들 가운데 당장은 돈이 없으니 취직을 해서 몇 년간 돈을 모아 유학을 가겠다는 생각을 하는 사람이 아주 많다. 나는 그 학생들에게 "틀린 생각이니 당장 유

50대의 1시간과 20대의 1시간은

물리적으로는 똑같은 1시간이지만

경제적 측면에서는 그 중요성이 하늘과 땅 차이이다.

그렇다면 20대의 시간은 온전히 학습에 사용하고

50대의 시간은 돈 버는 데 사용하는 것이 정답이다.

학을 가라."라고 조언한다. 장학금을 받든지 친척들에게 유학 자금을 꾸어서라도 가라고 한다. 왜냐하면 앞서도 언급했듯 학습능력이 최대인 20대의 아까운 시간을 돈 버는 데 사용하고 학습능률이 떨어지는 30대가 되어 유학을 가는 것은 시간을 매우 비효율적으로 사용하는 일이기 때문이다.

투자회수 기간을 늘릴 방법을 찾아라

두 번째로 고려해야 할 것은 투자회수 기간이다. 나는 군에 입대해 병장으로 제대한 것 말고는 대학 재학 시 유학을 위한 휴학은 전혀 하지 않았다. 유학 준비는 군대에서 휴가 기간에 마쳤기에 병장 전역 후 4개월 만에 유학 생활을 시작했고, 그 덕에 30세에 박사학위를 받고 교수 생활을 할 수 있었다. 대다수의 경우 30세를 넘겨 박사학위를 받고 교수가 되며, 35세를 넘어 박사학위를 받고 교수가 되는 경우도 상당히 많은 것을 고려하면 매우 빠른 출발이었다.

물론 학문적 측면에서 보면 더 오래 박사과정을 밟으며 좋은 논문을 더 많이 써낼 수도 있다. 하지만 단지 경제적 측면만 놓고 보면 1년이라도 시간을 당겨 더 빨리 박사학위를 받아 교수가 되는 것이 낫다. 왜냐하면, 우선 대한민국에서 대학교수는 몇 살에 교수로 임용되든 상관없이 65세가 되면 퇴직해야 한다. 30세에 교수가 되면 35년간 월급을 받지만 35세에 교수가 되면 30년만 월급을 받는다는 의미다. 교수 수입이 1년에 대략 1억 원이라 하면 박사학위를 받는 시점이 1년 늦어질 때마다 1억 원을 손해 보는 셈이다.

교수가 되어도 처음 조교수 때와 부교수 때는 수입이 많지 않다가 정교수가 되면 수입이 많아진다. 조교수와 부교수를 거치는 기간이 10년이라 하면 30세에 박사학위를 받은 사람은 40세에 정교수가 되어 25년간 정교수 월급을 받지만, 35세에 박사학위를 받으면 45세에 정교수가 되어 20년 동안만 정교수 월급을 받는다. 25년에 비하면 20년은 20%가 짧은 것이다. 수입 측면에서 큰 차이가 나게 된다는 이야기다.

박사학위 공부도 더 많은 연봉을 받기 위한 투자라는 측면에서 보면 하루라도 빨리 학위를 받는 것이 좋다. 그래야 투자회수 기간이 길어진다. 똑같은 박사학위를 받고 남보다 5년 덜 근무해 결과적으로 돈을 덜 받는다면 큰 손해가 아닐 수 없다. 더군다나 오랜 시간 저축해 복리로 얻을 수 있는 이득까지 생각하면 손해는 눈덩이처럼 불어난다.

그러므로 20대에 취업해 저축한 뒤 30세 넘어 유학을 가겠다는 학생은 경제학적으로 볼 때 매우 비효율적인 방법을 택한 것이다. 20대에 취업해 돈을 벌어도 교수 연봉만큼은 벌 수 없을 것이다. 그러므로 차라리 빨리 유학을 가서 빨리 박사학위를 받는 편이 훨씬 이득이다.

20대와 30대 초반 아직 학습능력이 뛰어난 그 시기에는 무조건 좋은 직장에 취업하기 위해 공부에 매진하거나, 이미 취업했다면 빨리 일을 배워 승진하는 것이 정답이다. 어느 직장이든 지위가 올라가면 생각지도 못한 기회가 생긴다. 젊은 시절 한눈팔다가 승진이 늦어지는 것보다는 열심히 일해서 빨리 승진하는 것이 경제적으로 훨씬 이익이다. 또한 투자 측면에서 봐도 일단 목돈을 만든 뒤 투자를 해야 효율적이다. 얼마 되지도 않은 돈으로 투자해 시간은 시간대로 낭비하고 수익도 썩 올리지 못하면서 승진의 기회마저 놓친다면, 그것이야말로 어리석은 일이며 시간을 비효율적으로 사용하는 것이다.

다만 공부라고 다 같은 공부는 아니라는 점도 생각해야 한다. 미래에 경제적 측면에서 안정적인 소득 창출이 가능한 공부를 하는 것이 당연히 좋으리라는 이야기다. 물론 돈벌이가 잘되지 않더라도 순수하게 공부가 좋아서 하는 것이라면 이 또한 자신의 인생이요 자신의 선택이니 옳고 그름을 따질 수 없다. 하지만 돈 되는 공부가 더 재미없는 것도 아닌데 굳이 돈이 안 되는 분야의 공부만 할 필요는 없다고 생각한다.

내 경험에 따르면 경제학의 어느 분야가 돈이 될지 맞히기란 거의 불가능하다. 사실 미시경제, 거시경제, 금융, 재정학 등 어떤 분야를 선택하든 간에 미래의 수입에는 큰 차이가 없다. 하지만 절대로 돈이 되기 힘든 분야는 분명 존재한다. 가령 모든 사람이 "그 분야를 전공하면 공부를 일찍 끝내기도, 박사학위를 받기도 어렵고, 당연히 교수가 되기도 어려우며, 교수가 되더라도 수입을 올리기가 어렵다."라고 말하는 분야가 있다면 굳이 그 분야를 택해 공부할 필요는 없지 않겠는가. 돈이 된다는 의미는 더 쓸모 있고 사회가 더 필요로 한다는 의미이기도 하다. 가능하면 이런 공부가 무엇인지 잘 생각해보고 거기에 뛰어들기를 권한다.

3

다양한 '경우의 수'를 생각하고 대비하라

교수로서 한 학기 강의 과정 중 가장 긴장되는 때는 시험 시간이다. 매 학기 수백 명 학생들이 내 수업을 듣는데 그 학생들을 한자리에 모아놓고 시험을 치르는 것은 생각보다 쉬운 일이 아니다.

가령 200명이 내 수업을 듣는다고 해서 200명 모두가 시험 시간에 들어온다는 보장이 없다. 포기하고 시험에 오지 않는 학생도 있다. 그래서 시험이 시작되면 가장 먼저 하는 것이 시험에 참여한 학생 수를 정확히 파악하는 것이다. 여러 명의 조교가 시험에 참여한 학생들을 각자 세어 똑같은 수로 보고되어야 시험을 시작할 수 있다. 예를 들어, '198명 참석'이라는 보고가 세 명의 조교 모두에게서 나와야 한다. 그리고 시험이 끝나면 바로 답안지를 세어 그 수 또한 198이 되어야 시험이 무사히 끝났구나 하고 일단 안심할 수 있다.

내 경우, 딱 한 번 그 숫자가 달랐던 적이 있었다. 198명이 시험에 참여했는데 답안지가 197개뿐이었다. 그래서 출석부에는 있지만 답안지가 존재하지 않는 학생들에게 일일이 연락해본 결과 한 학생이 시험장에 왔으나 답안지를 제출하지 않고 나갔다는 것이 확인되었다. 물론 나는 이 사실이 확인될 때까지 큰 스트레스를 받았다. 학생이 답안지를 제출했는데 이후 분실된 것이라면 정말 끔찍한 상황이었기 때문이다.

그런데 시험과 관련해서는 돌발 상황이 의외로 많이 발생한다. 나는 조교가 바뀔 때마다 시험감독을 하면서 발생할 수 있는 돌발 상황을 20개 이상 적어 오라고 한다. 그러면 문제지를 적게 복사해 일부 학생들이 문제지를 받지 못한다거나 학교가 시험 장소를 바꾸어서 혼선이 일어나는 상황, 혹은 갑자기 고열이나 복통을 호소하는 학생이 있거나 학교 전체가 정전이 될 수도 있다는 등 많은 돌발 상황을 써 온다.

다행스럽게도 20년 넘는 나의 교수 생활 동안 실제로 겪은 일은 이 가운데 두 개 정도에 불과하다. 즉, 이런 돌발 상황이 발생할 확률은 매우 낮다. 하지만 돌발 상황은 분명 발생할 수 있고, 만일 발생한다면 채점과 성적 처리에 큰 차질이 빚어지므로 시험감독을 해야 할 조교들이 미리 생각해두는 것이 좋다.

돌발 상황은 언제든 생길 수 있고,
실제로 생긴다

어떤 업무를 담당하든 일상적 업무 수행에서 당신이 옆자리의 직장 동료들보다 월등한 결과를 내기란 쉽지 않다. 매일 일어나는 일상적 상황은 누구라도 능숙하게 처리할 수 있으니까 말이다. 하지만 지난 10년간 한 번도 일어나지 않은 상황이 혹시라도 발생한다면 어떻겠는가. 그 가능성을 예상했던 사람과 그렇지 않은 사람 사이에는 큰 차이가 날 수밖에 없다.

예를 하나 들어보자. 내 경험상 학교에는 몇 년에 한 번은 화재가 발생한다. 만일 내가 수업하는 교실 근처에서 화재가 발생하면 어떻게 학생들을 대피시킬 것인가를 미리 생각해놓는 것과 그렇지 않은 것은 큰 차이가 난다. 소화기가 어디 있는지 확인해둔다면 더 빨리 화재를 진압할 수도 있을 것이다.

화재는 아니지만, 나도 연구실이 있는 건물 옥상의 물탱크가 터져 연구실 천장에서 물이 쏟아지는 바람에 컴퓨터가 물벼락을 맞은 적이 있다. 이 경우, 컴퓨터를 새로 사는 게 문제가 아니라 컴퓨터 안의 파일이 문제다. 그 파일들이 모두 사라져 연구 결과가 소실되었다면 어떻겠는가? 연구를 처음부터 다시 시작해야 한다면? 정말 큰 타격이 아닐 수 없다. 나는 물탱크가 터진다는 생각은 한 번도 해보지 않았지만 화재로 연구실이 탈 수도 있다는 생각은 해본 적이 있기에 컴퓨터의 모든 파일을 미리미리 USB에 저장해놓는 습관을 들였다. 그 덕분에 비록 컴퓨터는 바꾸었을망정 연구 측면의 손실은 피할 수 있었다.

경제학 이론은 현실적이지 못하다는 비판을 많이 받는다. 그리고 그런 비판에는 분명 근거가 있다. 처음 경제학 박사과정에 들어가 공부를 시작할 무렵, 경제학 교과서는 모든 경제주체가 앞으로 벌어질 모든 일에 대해 미리 생각하고 그 대책을 세운다는 가정하에 이론을 전개하는 것을 보고 실소를 금하지 못한 기억이 있다. 세상 그 누구도 향후 발생할 수 있는 수백만 가지의 가능성을 일일이 고려하여 대책을 세워놓을 수는 없을 것이다.

그러나 다소 비현실적 가정에서 전개된다는 경제학 이론의 결점에도 불구하고, 경제학이 주는 교훈은 있다. 발생할 수 있는 경우의 수가 1만 개라고 했을 때 그중 1,000개를 생각하고 대비한 사람과 10개만 생각하고 대비한 사람은 결국 어느 순간 큰 격차를 나타낼 것이기 때문이다.

경제학에서는 앞으로 발생할 수 있는 경우의 수를 가리켜 '컨틴전시(contingency)'라고 부른다. 모든 컨틴전시를 미리 생각하고 대비한다는 경제학 이론이 비현실적으로 보일 수는 있지만, 더 많은 컨틴전시를 고려해 대비하는 사람이 업무에서도 인정받고 가정생활에서도 더 안정되고 풍요로운 경제생활이 가능한 것 역시 사실이다.

뉴스에서 비교적 젊은 사람이 사고로 사망했다는 보도가 나오면 그 사람은 자녀가 있을까, 그 자녀들은 앞으로 어떻게 살아갈까 생각하며 걱정스러워진 적이 있을 것이다. 그런데 그런 일은 나에게도, 또는 당신에게도 일어날 수 있다.

내 어머니는 대학에서 약학을 공부하여 약사 자격증을 가지고 있다. 아버지가 처음 어머니를 만나 데이트할 때 약사라는 점도 좋았다고 말씀하신 적이 있다. 만일 아버지 당신이 일찍 사망하는 일이 있더라도 아내에게 약사 자격증이 있으니 생계는 꾸려나갈 것 같았기 때문이라고 한다. 그 시절만 해도 의술이 덜 발달해 젊은 사람의 사망이 그리 이상한 일만은 아니었기에 아버지도 이런 컨틴전시를 생각했던 것이다.

내 경우, 30~40대에 내가 갑자기 죽을지 모른다는 가능성은 크게 고려하지 않고 살아온 것 같다. 생명보험 가입을 잠시 생각해봤지만, 혹시 내가 죽는다 해도 아내가 생활력이 있다고 판단했고, 더 나아가 내 부모와 형제들이 어느 정도 도움을 줄 것이라는 생각에 보험을 들지는 않았다. 어떤 면에서 부모·형제를 보험이라 여겼던 것이다. 그리고 다행히 나이 50이 넘은 현재까지 살고 있다.

그렇지만 언제부터인가 해외 출장을 갈 때는 여행자보험에 꼭 가입한다. 가격을 알아보니 비교적 저렴한데 혹시라도 문제가 생기면 가족들이 보험금을 받을 수 있기 때문이다. 지금은 내가 갑자기 없어져도 생계 염려는 하지 않아도 될 정도로는 대비가 되었다고 판단한다. 다만 하나뿐인 아들이 박사과정 유학을 생각한다고 해서 그 자금을 조금 준비하기 시작했고, 10년쯤 후 아들이 결혼할 경우에 도움을 주기 위한 준비도 하고 있다.

노후 생활은 앞에서 언급한 바와 같이 각종 연금보험으로 해결하겠지만 큰 병에 걸린다면 의료비가 문제이긴 할 것이다. 앞으로는 의술이 더 발전해 두세 번은 수술이나 고가의 치료로 죽을 고비를 넘길 수 있을지도 모른다. 그런 차원에서 나와 아내가 한두 번 큰 의료비 지출을 할 수 있을 정도의 준비도 시작했다.

더 많은 '컨틴전시' 생각해보기

나는 요즘 소득 측면에서도 여러 가능성을 생각해보고는 한다. 교수라는 직업의 특성상 정년을 보장받으면 65세까지 매년 받을 연봉을 충분히 예측할 수 있다. 여기에 더해 교수는 외부 특강이나 책의 인세, 각종 연구 프로젝트 등으로 발생하는 수입을 생각해볼 수 있지만, 이런 수입은 전혀 보장되는 것이 아니다. 기업체에서 특강 요청이 매달 있을 수도 있지만 1년 내내 없을 수도 있기 때문이다. 당연한 일이지만 코로나 팬데믹이 심각하던 시기에는 외부 수입이 거의 없었다.

그런데 외부 특강 의뢰는 앞으로는 나보다 젊은 경제학 교수들에게 갈 가능성이 크니 이제 수입이 줄어들 것으로 예상해야 한다. 그리고 10년 전만 해도 경제학에 관심이 많았던 기업들이 요즘은 빅데이터 등으로 관심이 바뀌어 경제학 특강에 대한 수요 또한 줄고 있기도 하다.

그래서 향후 대학 강의 이외 활동의 감소와 함께 소득이 줄어들면 어떻게 될까 하는 컨틴전시도 생각해보게 된다. 그러다 보면 빅데이터는 아니더라도 뭔가 데이터가 포함된 경제학 강의를 새로 개발해야 한다는 결론을 얻게 된다. 물론 이런 컨틴전시를 생각한다고 해서 그 대책이 모두 세워지는 것은 아니다. 어쩌면 사서 하는 걱정만 늘어날 수도 있다. 하지만 내 경험에 따르면 인간이 가장 큰 손해를 볼 때는 당황해서 냉철한 판단을 하지 못할 때다. 그리고 가장 당황하는 순간은 전혀 생각해보지 못한 상황이 실제로 벌어질 때다.

가능한 한 많은 컨틴전시를 고려해놓는 것이 그래서 중요하다. 손해를 완벽히 막는 것은 불가능하다 해도 앞으로 일어날 수 있는 가장 치명적인 일을 미리 생각해두면 최악의 상황은 피할 수 있다.

내가 어렸을 때 아버지는 집의 각 방에서 불이 나면 어디로 피할지 정해주며 대피 연습도 시키고는 하셨다. 그리고 집에 있는 소화기들을 다 한 번씩 실제로 사용해보는 훈련도 시키셨다. 화재가 발생했을 때 소화기가 어느 장소에 있고 소화기 안전핀은 어디 있는지 모르면 불을 끌 수 없기 때문이다. 현재 나는 화재에 대비해 집에 방독면도 갖춰놓고 있다. 고층 아파트에서 불이 나면 대피할 때 방독면이 필요할지도 모르기 때문이다.

이런 여러 가능성을 고려하는 습관 덕분에 이득을 본 적이 있다. 나는 2008년이 이른바 '안식년'이어서 학교 강의를 쉬고 연구를 위해 해외로 나가 1년을 거주하게 되었을 때 미국의 모교로 갔다. 그런데 1년 치 생활비를 한 번에 미국 달러로 바꾸어 가져갈 것인가, 아니면 조금씩 나누어 바꿀 것인가가 영 고민이었다. 만약 앞으로 달러 가격이 떨어진다면 우선 조금만 달러로 바꾸어 가져간 후 달러가 싸졌을 때 나머지를 바꾸는 것이 옳은 선택일 것이었다. 하지만 그보다 나는 혹시라도 달러 가격이 올라 미국 생활이 힘들어지는 상황이 더 걱정이었다. 그래서 1년 치 생활비를 처음부터 모두 달러로 바꾸어 가지고 갔다.

그런데 내가 미국에 간 직후인 2008년 가을, 미국발 금융위기가 터졌다. 단숨에 달러 가격이 1달러당 1,000원에서 2,000원으로 뛰었다. 나는 달러가 싼 시기에 생활비를 바꾸어 오기를 잘했다고 안도했다. 하지만 바로 그다음 조치를 취했는데, 가져온 생활비 중 절대적으로 필요한 생활비를 제외한 나머지 돈을 다시 한국으로 보낸 것이다. 1,000원에 바꾼 달러를 2,000원에 한국으로 다시 보낸 덕분에 상당한 이득을 보았다. 물론 그 후 미국 생활을 할 때는 절약에 절약을 하느라 상당히 애를 먹었지만 말이다.

그런 금융위기가 올지는 정확히 예상하지 못했고, 또한 달러 환율이 올랐을 때 다시 한국으로 보낸다는 생각도 미리 해두었던 것은 아니지만, 환율과 관련해 이런저런 컨틴전시를 평소 고려해보았기에 실제로 그런 상황이 벌어졌을 때 재빠른 행동이 가능했다.

요즘은 몇 년 후 아들이 정말로 미국 대학원으로 박사과정 유학을 가게 된다면 그 생활비를 조달하는 동시에 한율이 변할 때 또

인간이 가장 큰 손해를 볼 때는

당황해서 냉철한 판단을 하지 못할 때다.

가능한 한 많은 컨틴전시를 고려해놓는 것이 그래서 중요하다.

가장 치명적인 일을 미리 생각해두면

최악의 상황은 피할 수 있다.

어떤 대응을 해야 할지를 생각해보기 시작했다. 혹시 그때 달러 환율이 급격히 오를 것에 대비해 일단은 달러 예금을 들어놓았다.

다른 사람은 어떤지 모르지만, 내가 요즘 꼼꼼히 따져보고 있는 컨틴전시가 하나 더 있다. 내가 노후 대비로 크게 의존하고 있는 연금, 특히 가장 많은 액수가 들어가고 있는 사립학교 교직원 연금(사학연금)에 관한 것이다. 이 연금제도는 다른 소득이 많아지면 내가 받는 연금 액수가 그만큼 줄어드는 원칙에 따라 운용된다. 즉, 내가 퇴직하고 아무런 소득이 없다면 약속된 연금을 매달 받지만 만일 어떤 일을 하게 되어 소득이 생기면 그 소득의 크기에 비례해 연금이 줄어드는 것이다.

그래서 아내가 국민연금에 가입하면 어떨까 하는 고민을 요즘 하고 있다. 국민연금의 최소 납입액(월 9만 원)을 10년 동안 내면 아내가 노후에 매달 18만 원을 받는다는 것이 현행 제도다. 상당히 좋은 조건이라 할 수 있다. 그런데 인구가 감소하고 노령화가 급속히 진행되는 대한민국의 현실로 보아 연금 개혁이 가까운 미래에 이루어질 텐데 그러면 사학연금이나 국민연금 모두 수령액이 줄어들 것이다. 이렇게 생각하면 그냥 민간 보험을 들거나 은행에 예치하는 것이 더 나을 수도 있다. 이렇게 여러 가지 컨틴전시를 모두 고려한 결과, 일단 정부의 연금 개혁 방향이 나올 때까지는 아내의 국민연금 가입을 미뤄두기로 했다.

한편 우리 부부가 여전히 고려 중인 컨틴전시는 한쪽이 먼저 사망하는 경우다. 나와 아내는 각자 연금보험을 들어둔 상태라서 둘이 모두 살아 있다면 괜찮은 수준의 연금을 노후에 매달 받을 수 있는데, 만약 한쪽이 사망하면 남은 한 사람의 연금으로 생활비가 충분할지 알아보고 있다. 나보다 아내가 오래 살 확률이 높지만, 연금은 아무래도 내가 더 많이 가입한 상황이므로 앞으로는 아내의 연금이나 금융자산을 늘려주고자 한다.

그리고 최근의 인플레이션을 경험하니 정액 연금의 가치가 하락하리라는 점도 고려해야겠다는 생각이 든다. 그래서 요즘은 연금 상품을 새로 가입할 때 증시 연동형으로 가입하고 있다. 인플레이션이 일어날 때는 아무래도 정액 연금보다 증시 연동형 연금이 유리하다는 판단에서다. 내가 오래 살지 아내가 오래 살지, 인플레이션이 얼마나 자주 일어날지, 또 증시가 오를지 내릴지 모두 불확실하지만, 최악의 상황이 발생하지 않도록 끊임없이 생각하고 준비하라는 것이 경제학의 가르침이다.

쌀, 냉장고,
그리고 금융

재레드 다이아몬드 교수의 저서 《총, 균, 쇠》는 정말 많은 사람이 읽은 저명한 책이다. 다이아몬드 교수는 지리학자이면서 생물학자이지만 《총, 균, 쇠》에는 경제학과 관련된 이야기도 많아 나 또한 읽고 나서 아주 큰 감동을 받았다. 특히 인류의 주식인 쌀과 밀에 대한 언급이 인상 깊었다.

현재 우리의 식탁에는 고기와 과일, 생선 등 다양한 음식이 올라오지만, 동양의 밥과 서양의 빵 그리고 파스타와 쌀국수, 우동 등의 주원료는 쌀과 밀이다. 산업혁명 이전에는 고기와 과일 등을 섭취하기가 쉽지 않았기에 사실상 거의 모든 사람이 쌀과 밀에 의존하는 식생활을 했다.

쌀과 밀이 인간의 주식이 된 이유

　재레드 다이아몬드 교수는 고기, 생선, 과일 등을 제치고 쌀과 밀이 인간의 주식으로 자리 잡은 이유는 '보존성'에 있다고 주장했다. 아마 쌀과 밀 모두 건기와 우기가 뚜렷이 나뉘는 지역에서 처음 자라기 시작했을 것이다. 이런 지역은 건기에는 몇 달 동안 비가 전혀 내리지 않고 우기에만 비가 내리는 것이 특징이다. 그러하기에 이곳의 작물들은 수개월간의 건기를 견디고 난 뒤 우기에 비가 내릴 때 싹을 틔워 살아남아야 했다. 건기가 지속되는 몇 년간은 바짝 마른 상태에서 겨우겨우 살아남아야 했을 것이다. 그래선지 쌀과 밀은 몹시 마른 상태에서도 오랜 기간 보존이 가능하다.

　지금 우리의 부엌을 한번 보라. 과일이나 고기 또는 생선은 모두 냉장고에 들어가 있다. 고구마와 감자 그리고 사과는 상온에서 보존할 수 있지만 아무리 길어도 몇 달쯤 지나면 역시 썩는다. 하지만 쌀은 냉장고 바깥에 있다. 즉 과일, 고기, 생선은 쉽게 부패한다는 치명적 약점이 있다. 가을에 연어가 많이 잡힌다고 해서 연어를 주식으로 할 수 없는 건 바로 이와 같은 보존상의 어려움 때문이다. 반면, 쌀과 밀은 가을에 수확해 통에 넣어두면 1년 내내 먹을 수 있다.

우리의 원시 조상들이 소고기, 사과, 연어보다 쌀과 밀이 더 맛있다고 생각했을 것 같지는 않다. 하지만 쌀과 밀은 몇 년이고 건조시켜 보관할 수 있다는 큰 장점이 있으므로 냉장고가 발명되기 이전, 인류의 선조는 동양에서는 쌀농사에 집중하고 서양에서는 밀농사에 집중했던 것이다.

인류와 쌀 또는 밀의 관계는 소득과 지출의 관계와 그 원리가 같다. 이미 설명했듯이 인간은 살아남기 위해 매일 지출이 필요하다. 하지만 그렇다고 인간이 매일 돈을 번다는 보장은 없다. 초등학교 앞에서 문방구를 운영하는 사업자는 초등학생들이 등하굣길에 들러 학용품을 사기 때문에 평일에는 100만 원 매출을 올릴 수도 있다. 하지만 주말이나 방학 중에는 물건이 전혀 팔리지 않는 날도 있을 것이다. 그렇다고 이 사업자와 그 가족이 주말이나 방학 기간에 밥을 먹지 않고 살 수는 없다. 소득은 불규칙하지만 지출은 꾸준히 필요하다는 말이다. 그렇다면 문방구는 학기 중에 벌어들인 돈으로 방학 기간에도 잘 버텨야 하는 운명인 것이다. 방학 기간을 버틸 방법을 항상 연구할 수밖에 없다.

쌀과 밀도 그렇지 않은가. 쌀과 밀은 가을에 한 번 수확하지만,

인간은 1년 내내 날마다 식사를 해야 한다. 그런데 다행히도 쌀과 밀은 1년에 한 번 수확하지만 1년 내내 보관이 가능하다. 그래서 쌀과 밀은 맛이나 영양분만이 아니라 그 보존성 때문에 경제적 가치가 높은 식량 자원으로 자리를 잡은 것이다.

그런데 돈에도 보존성이라는 개념이 있으니, 바로 금융이다. 대표적 예로 은행을 들 수 있다. 아마 먼 과거의 인류는 연어를 많이 잡아서 온 가족이 충분히 먹고도 남는 상황이 된 어느 날, 보존이 어려운 연어를 금으로 바꾸었을 것이다. 금은 썩지 않을 뿐 아니라 그 자체로도 가치가 있었기 때문이다. 하지만 금을 집에 보관하면 도난의 위험이 있으니 결국 은행이라는 것을 만들어 자신의 금을 거기에 보관하기 시작했을 터인데 바로 이것이 금융산업의 유래다. 더욱이 현대의 금융산업은 단순히 돈을 보관해주는 데 그치지 않고 맡긴 사람에게 이자까지 준다. 은행이 우리가 맡긴 돈을 잘 활용해 돈을 벌고 그 돈의 일부를 다시 예금자들에게 나누어 주는 것이다.

우리가 지금 집에서 쓰는 가구나 가전제품, 생활용품 가운데 가장 중요한 것이 무엇이냐고 물으면 독자들이 어떻게 대답할지 궁금하다. 집에는 침대, 식탁, 책상, 의자, 텔레비전, 세탁기 등 많은 것이 있다. 모두가 중요하다. 하지만 냉장고만큼 중요한 게 있을까?

침대가 없다고 한번 가정해보자. 아주 불편하겠지만 땅바닥에서 자면 된다. 하지만 냉장고가 없으면 어떨까? 일단 우리는 최소 하루에 한 번 이상 시장에 장을 보러 가야 한다. 시장에 가지 않으면 저녁에는 맨밥에 신김치를 얹어 먹을 수밖에 없다. 고기나 과일은 매일 시장에 가서 구입해 오지 않으면 안 된다. 만일 시장에도 냉장고가 없다면 어떨까? 아마 우리 식단에서 고기와 과일과 생선은 사라질 테고, 육포와 굴비 정도만 먹을 수 있을 것이다. 사실 그래서 조선시대에 보통의 사람들은 거의 평생 고기는 구경도 하지 못했고 생선은 주로 명태를 말린 북어와 조기를 소금에 절인 굴비를 먹었다.

오늘날의 은행 및 금융기관의 역할이 아마 우리 집에서 냉장고가 하는 역할과 비슷하지 않을까? 내가 대량으로 구매한 과일을 냉장고에 넣어두고 먹듯 젊어서 올린 소득을 연금보험 형태로 만들어 금융기관에 넣어 보관하는 것이다. 그리고 금융산업에는 비교적 안정성이 보장된 은행도 있고, 각종 컨틴전시가 발생했을 때를 대비한 보험상품을 제공하는 보험회사도 있다. 운이 좋으면 많은 수익을 얻을 수 있지만 운이 나쁘면 큰 손해를 볼 수도 있는 증권회사도 있다.

당신의 '금융' 냉장고는 몇 개인가?

집에서 살림을 할 때 일반 냉장고도 필요하고 김치냉장고도 필요하다. 쌀독도 필요하고 건어물 저장 공간도 필요하다. 이런 각종 보존용 공간을 잘 이용하는 사람이 살림 잘한다는 말을 듣는다. 생고기를 건어물처럼 보관하고 북어를 냉장고에 넣어놓는다면 살림 잘한다는 말을 듣기 어렵다. 김치와 과일을 같은 곳에 넣어놓아 과일에서 김치 냄새가 난다면 이 또한 문제이다. 각종 식재료를 잘 분류해서 알맞은 자리에 넣는 것이 살림의 요령이다. 우리의 경제생활도 마찬가지이다. 은행, 보험회사, 증권회사, 그리고 저축은행 등 각자의 경제적 필요에 따라 알맞은 금융상품을 잘 선택하는 지혜가 필요하다.

품질이 좋은 고기와 과일을 잔뜩 가져와도 보관을 제대로 하지 못하면 모두 상해 먹지 못하게 된다. 간혹 냉장고에 넣어놓고는 잊어버려 뒤늦게 상한 고기와 과일을 발견하곤 하지 않는가? 냉장고를 관리하듯 우리의 금융상품도 철저한 관리가 필요하다. 낮에는 열심히 일해서 소득을 올리고 저녁 시간이나 주말에는 자신의 금융자산을 한번 돌아보고 적절히 관리되고 있는지를 확인해 보는 것이 좋다.

나도 금융기관별로 자산을 어떻게 나누어 예치할지를 아주 깊이 고민해보지는 않았다. 하지만 20년 이상 가정을 이루고 살다 보니 어느덧 가장 익숙하고 편안한 형태로 금융자산을 나눌 수 있게 되었다. 독자 여러분이 참고할 수 있도록 대략 소개해보면 다음과 같다.

내가 소유한 부동산은 거주하는 아파트 한 채밖에 없다. 그래서 금융자산 위주로 살펴보면, 이미 언급한 것처럼 노후를 대비한 각종 연금보험 상품에 내 자산의 3분의 1 정도를 넣고 있다. 여기에는 내가 교수이기 때문에 의무로 가입해야 하는 사립학교 교직원 연금, 교육계 종사자들이 선택적으로 가입할 수 있는 교직원 공제회도 포함된다. 우체국 연금과 민간 보험회사 연금에도 가입하고 있다. 연금보험 상품은 나와 아내의 노후자금으로 생각하고 있다.

다음으로는 여유 자금이 생길 때마다 저축은행 중 가장 높은 이자를 주는 곳을 찾아서 역시 3분의 1 정도의 자산을 넣고 있다. 저축은행은 시중은행에 비해 최소 1% 이상 높은 이자를 주기 때문이다. 물론 저축은행은 시중은행에 비해 안정성이 부족하므로 예금보험공사가 지급을 보증하는 5,000만 원 이하로 여러 곳에 나누어 넣고 있다. 나는 옛날식으로 인터넷뱅킹으로 저축은행 계좌들을 관리하지만, 요즘은 스마트폰 뱅킹으로 저축은행에 가지 않고도 손쉽게 예금할 수 있으므로 더 편리하게 이용할 수 있을 것 같다. 이 저축은행 예금은 통상적으로 일상생활에 급하게 쓰지 않을 여유 자금인데 나중에 아들이 유학을 가거나 결혼할 때 지원금으로 쓰려고 생각하고 있다.

그 외에 남은 자산 3분의 1은 은행에 넣어두고 생활에 사용한다. 그중 일부는 외화로 바꾸었고 일부는 주식 관련 상품에도 넣고 있다. 나 나름으로는 조금 위험을 감수하는 투자를 하는 셈이다. 매월 가계부를 보면 외화와 주식에 넣은 돈의 등락이 상당함을 느낀다. 오를 때는 많은 이익을 보지만 내려가면 큰 손실을 본다. 현재는 금융자산의 15% 정도만 이런 상품에 넣어두기 때문에 손해를 본다 해도 잠을 못 이루지는 않지만, 더 많이 투자했다가는 매일매일 걱정이 앞설 성격이라서 그 이상은 무리라고 판단했다.

이렇게 금융기관이나 금융상품에 자산을 분배해 넣는 방법은 개인마다 다를 것이다. 내 경우를 보자면, 교수라는 직업의 특성 때문에 강제로 상당한 금액을 매월 붓는 사립학교 교직원 연금이 있고 유학을 생각하는 자녀도 있는 등 남과 다른 상황에서 결정한 금융자산 배분 방식이므로 내 방식이 다른 이에게도 정답이 될 수는 없다. 다만, 각자의 입장에서 노후, 자녀교육, 투자 등 여러 측면에서 필요한 돈의 액수와 목적을 한번 생각해보고 그에 적합한 금융상품을 찾아보는 노력은 분명히 필요하다.

처음부터 경제적 생활을 잘하는 사람은 없다. 하지만 수년간 이런저런 경제적 원칙과 계획을 고민하며 생활한다면 그런 고민 없이 사는 사람들에 비해서는 훨씬 경제적으로 옳은 삶을 살게 될 것이다. 시작할 때야 아무 지식도 없고 경험도 없어서 혼란스럽겠지만 가계부를 기초로 가족 구성원들의 미래에 일어날 법한 컨틴전시들을 다양하게 고려해보면서 각 상황에 대비해 경제적으로 어떤 준비를 할지 계속 생각하다 보면 자기도 모르게 만족스러운 경제계획을 세울 수 있을 것이다.

제3장

경제는
마음에서
시작된다

1

건강한 몸과 마음이 없다면
돈은 의미가 없다

사람의 목숨을 돈의 가치로 매길 수 있을까? 누군가가 김철수 씨의 목숨은 가치가 20억 원이지만 이영수 씨의 목숨은 3억 원이라고 말한다면, 당신은 과연 그 말을 납득할 수 있을까? 그런데 경제학자들은 종종 이런 말을 하고 다닌다.

사람 목숨에도 값이 매겨질 수 있다?

경제학자들이 이런 이야기를 하는 것은 이상한 취미가 있어서

가 아니고, 대부분 법원의 요청에 따라 할 수 없이 사람의 목숨을 평가해야 하는 경우가 있어서다. 예를 들어 한 운전자의 실수로 교통사고가 나 피해자가 사망했을 경우, 법원은 운전자 처벌에 그치지 않고 사망한 피해자의 가족에게 보상이 이뤄지도록 해야 한다.

그런데 사망한 피해자가 병이 들어 움직이기도 힘들었던 노인인 경우와 어린 자녀의 양육비를 한창 벌고 있던 40대 가장인 경우 보상액이 같은 게 맞을까, 아니면 달라야 할까? 이는 사실 매우 어려운 문제다. 하지만 어렵다고 해서 법원이 판단을 내리지 않을 수는 없다. 운전자 본인 또는 자동차보험사가 보상금을 지불해야 하기 때문이다.

이렇게 곤란한 일이 생기면 법원은 경제학자에게 사망한 피해자 목숨의 가치를 계산해 보상 금액을 산출해달라고 의뢰한다. 물론 경제학자는 피해자가 좋은 사람인지 나쁜 사람인지 알 수 없다. 선한 것도, 악한 것도 객관적 수치로 나타낼 방법은 없다. 그래서 할 수 없이 피해자가 살아 있었다면 그 가족이 얻을 수 있었던 수입을 기준으로 계산한다.

이때 경제학자는 기본적으로 사람은 빌딩과 같다고 생각하고 그 경제적 가치를 구한다. 즉, 어떤 빌딩이 있는데 그 빌딩의 수명이 20년이고 매년 임대료 수입이 1억 원 들어온다면 그 빌딩을

20억 원 이상 주고 살 사람은 없다.

20년간 연 1억 원씩 임대료가 들어오는 이 빌딩의 현재 가치는 다음과 같이 계산한다(r은 이자율이다).

$$현재\ 가치 = 1억 + \frac{1억}{1+r} + \frac{1억}{(1+r)^2} + \frac{1억}{(1+r)^3} + \cdots + \frac{1억}{(1+r)^{19}}$$

만일 현재의 이자율이 5%라 하고 이 빌딩의 현재 가치를 위의 식에 따라 계산하면 약 13억 원이 된다(참고로 이자율이 낮아지면 빌딩의 현재 가치는 더 높아진다. 이자율이 5%라면 13억 원을 은행에 넣어놓고 원금과 이자로 20년간 1억 원씩 인출해서 사용할 수 있지만, 이자율이 2%라면 13억보다 훨씬 더 많은 금액을 은행에 넣어놓아야 매년 1억 원씩 20년간 인출할 수 있기 때문이다. 이렇게 은행에 넣어놓고 꺼내어 쓸 수 있는 금액이 이 빌딩의 현재 가치이다). 즉, 어떤 가장이 매년 1억 원씩 앞으로 20년간 소득을 벌어들일 수 있는데 사고로 사망했다면 그 보상금은 13억 원 정도가 된다는 의미이다.

사람의 목숨이 지닌 가치를 수식 몇 개를 이용해 돈으로 계산해 버리는 경제학자들의 '만행'에 놀랐겠지만, 내가 여기서 강조하고자 하는 것은 소득을 올리는 모든 사람의 목숨은 결국 경제학적 측면에서 고유의 금전적 가치가 있다는 것이다. 각 개인은 고유의 인격체로서 존중되어 마땅하지만, 한편으로는 그 경제적 가치도 정확히 평가될 필요가 있다.

간혹 나는 외출할 때 가지고 나갔던 우산을 잃어버리고 온다든지 집에서 커피를 마시다가 컵을 떨어뜨린다든지 한다. 이런 사고를 내면 나는 아내에게 몹시 혼이 난다. 어떨 때는 깨진 컵 하나 때문에 죽을지도 모른다는 생각까지 든다. 하지만 내 아내가 남편 한순구의 현재 가치를 위의 공식에 의해 계산해보고 13억 원이라는 것을 인식한다면, 어쩌면 우산이나 컵 하나 때문에 남편이 마음에 상처를 입고 죽으면 안 된다는 걸 깊이 깨달을지도 모른다. 아끼는 컵 하나를 깨뜨렸다는 이유로 버리기엔 남편의 현재 가치가 금전적으로 꽤 크니까 말이다.

그런데 20년은 쓸 수 있었을 빌딩이 관리를 잘하지 않아 15년 만에 무너진다면 어떨까? 경제적 손실이 엄청날 것이다. 반대로 20년밖에 못 쓰겠다고 생각했던 빌딩이 관리를 잘해 23년을 쓸 수 있게 된다면? 이때는 엄청난 경제적 이득이 생기는 셈이다.

많은 경우 가정경제의 재산 1호는 아파트나 은행의 정기예금이 아니고 바로 열심히 일하는 아빠, 엄마, 아들, 딸인 것이다. 빌딩을 잘 관리해 1년이라도 오래 써야 경제적으로 이득인 것처럼 재산 1호인 가족이 건강하고 오래 살면서 계속 소득을 벌어들이는 것이 제일 중요하다.

목적 함수가 없는 사람은 부자가 될 수 없다

육체적 건강만큼이나 마음의 건강도 중요하다. 경제학은 인간은 누구나 행복을 추구하며 이를 위해 필요한 돈을 마련하고자 한다는 가정하에 전개되는 학문이다. 이를 경제학 교과서에서는 '목적 함수(objective function)'라고 부른다. 돈을 벌어 행복해지려는 목적 함수가 있기에 인간은 열심히 노력하게 된다는 것이다.

만일 이런 목적 함수가 없다면 인간은 방향을 잃고 표류하는 난파선과 같을 것이고 당연히 모든 경제활동을 중단하게 될 것이다. 경제학 교과서에는 그런 경우가 나오지 않지만, 현실에서는 삶의 의욕과 근로 의지를 상실한 사람을 종종 보게 된다.

권력의지가 없는 사람은 절대 대통령이 될 수 없듯이 돈을 벌려는 의지가 없는 사람은 결코 부자가 될 수 없다. 간혹 남이 보기에는 이미 돈이 많음에도 돈을 더 벌려고 하는 사람들이 있다. 이런 이들을 보고 욕심이 과하다고 할지 모르지만, 사실 돈을 더 벌려는 그 마음이야말로 일을 하게 하는 원동력이고 인류의 경제발전을 이끄는 견인차라고 생각한다.

따라서 육체적 건강과 함께 이런 정신적 의욕을 잘 유지하는 방법을 자기 나름대로 생각해둘 필요가 있다. 이 두 가지 중 어느 하나라도 없으면 경제적 삶의 방식을 논하는 것 자체가 탁상공론

일 뿐이다. 경제적 풍요로움을 원하는 마음이 없고 근로와 소비를 영위할 건강이 없다면 경제적 삶이라는 가정 자체가 별 의미가 없다.

경제적 생산성과 장수의 상관 관계

이제, 남자와 여자의 수명에 대해 이야기해보자. 여자는 어째서 남자보다 오래 살까? '여자보다 남자가 술과 담배를 많이 하고 건강을 잘 돌보지 않아서'라고 생각할 수 있다. 그런 측면도 분명 있을 것이다. 그런데 내가 미국 과학 잡지 《사이언티픽 아메리칸(Scientific American)》에서 읽은 바에 따르면 인간만이 아니고 개, 고양이, 쥐 등 우리에게 친근한 포유동물은 대부분 암컷이 수컷보다 훨씬 오래 산다고 한다. 수컷 개가 술을 마시고 담배를 피울 리 없는데 어째서 암컷이 수컷보다 오래 사는가?

그 이유는 인간이나 다른 포유류 모두 자식을 양육하는 데 엄마의 기여도가 아빠보다 월등히 크기 때문이라는 것이다. 진화의 힘은 자녀들이 생존하는 데 더 도움이 되는 방향으로 작용하는데 인간이나 동물이나 엄마가 오래 살수록 자녀들이 살아남아 어른이 될 확률이 높은 반면, 아빠들은 그것과 별 상관이 없거나 오히려

육체적 건강과 함께

정신적 의욕을 잘 유지하는 방법을

자기 나름대로 생각해둘 필요가 있다.

경제적 풍요로움을 원하는 마음이 없고

근로와 소비를 영위할 건강이 없다면

경제적 삶이라는 가정 자체가 별 의미가 없다.

방해가 되기 때문에 엄마에게는 긴 수명을 주고, 아빠에게는 짧은 수명을 주게 되었다는 설명이었다. 가족이나 사회에 더 많은 공헌을 하는 쪽이 더 오래 살아남도록 자연의 섭리가 작용해 수명을 연장해주었다는 이야기다.

이처럼 남성과 여성의 타고난 수명은 유전자(DNA)에 적힌 사항이라 바꾸기 어렵다고 하자. 그렇지만 아빠가 가정에서 자녀 양육에 더 신경 쓰면 아내와 자녀들이 아빠가 오래 사는 것이 자신들에게 이익이라고 생각하여 아빠의 건강을 더 잘 보살펴줄 것이고, 그럼 아빠도 오래 살 수 있을지 모른다는 것이 내 앙큼한 바람이다. 결국 경제적으로 생산성 있고 주변 사람들에게 쓸모 있는 사람의 가치가 더 높고, 그런 사람이 더 오래 살 수 있는 것 아닐까?

그리고 내가 오래 살면 살수록 주변 사람들이 행복해한다면, 나 자신도 살맛이 나서 건강에 더 신경 쓰게 될 것이다. 즉, 나이가 몇 살이건 상황이 어떠하건 간에 자기 자신이 생산적이고 쓸모 있는 존재가 되도록 노력하는 것이 경제생활의 기본 중 기본이다.

내 할아버지는 28세의 젊은 나이에 운명하셨다. 당시에는 치료약이 없었던 폐결핵에 걸렸기 때문이다. 그런데 당시 강원도 산골에서 서울로 올라와 갓 살림을 차린 신혼 부부였던 할아버지와 할머니는 절약하고 저축하기로 계획을 세우고는 난방비도 아끼고, 식비도 아끼고, 옷도 거의 사지 않았다고 한다. 할아버지가 돌아가신 후 할머니는 평생 이것이 한이 되었다. 그래서 할머니는 절약하며 살되, 배불리 먹고 난방을 잘하고 비싸지 않아도 좋으니 따뜻한 옷을 사 입으라고 우리들 후손에게 말씀을 남기셨다.

사치가 아닌, 건강과 생존에 필요한 비용까지 절약하는 것은 경제학적으로도 진정한 절약이 아니다. 앞서 언급한 것처럼 모든 사람은 하나의 작은 빌딩과 같은 경제적 가치를 갖는데, 다소 비용이 들더라도 그 빌딩을 잘 관리해 오래 사용하는 것이 결국 더 이득이다.

2

경제학으로 분석해본,
당신이 벼락치기를 하는 이유

경제학 이론 가운데 하이퍼볼릭(hyperbolic) 이론이라는 게 있다. 직관적으로 말하면, 인간은 미래보다 현재 또는 오늘을 훨씬 더 중요하게 여긴다는 것이 하이퍼볼릭 이론의 기본 가정이다.

사실 오늘이 인생 마지막 날이 아닌 이상 내일도 중요하고 모레도 중요하다. 10년 후도 중요하다. 그래서 지금 내가 이 책에서 여러 번, 가까운 미래만이 아니라 먼 미래도 준비해야 한다고 강조하고 있는 것이다. 이렇듯 미래가 중요한데도 인간은 본성적으로 바로 지금, 즉 현재에 비하면 미래는 훨씬 덜 중요하다고 느낀다는 것이 하이퍼볼릭 이론이다. 어찌 보면 뻔하고 당연하겠지만, 하이퍼볼릭 이론을 받아들이면 설명되는 현상이 많다.

하이퍼볼릭 이론:
일요일의 철수와 월요일의 철수는 다르다

철수가 금요일에 아주 중요한 시험을 본다고 하자. 그 시험을 통과하려면 월요일부터 목요일까지 4일 동안 철수는 최소 12시간을 공부해야 한다. 일요일 저녁에 철수는 이 시험을 준비할 계획을 세울 것이다. 그리고 너무도 자연스럽게 월, 화, 수, 목의 나흘간 매일 3시간씩 공부하기로 계획하고 일요일 저녁에 잠이 들 것이다.

자, 이제 월요일이 되었다. 그리고 철수는 어젯밤에 자기가 말도 안 되는 계획을 세웠음을 깨달을 것이다. 왜냐하면 오늘 월요일은 미래인 화요일, 수요일, 목요일에 비해 너무너무 중요한 날이기 때문이다. 이런 중요한 날에 인생을 신나게 즐겨도 모자란데 3시간이나 공부를 해야 한다니 말도 안 되는 것이다. 철수는 바로 화, 수, 목요일 사흘간 매일 4시간씩 공부하기로 계획을 변경한다.

이때 일요일의 철수와 월요일의 철수는 다르다. 일요일의 철수에게는 월요일이나 화요일이나 다 똑같은 미래이다. 월요일이 딱히 더 중요할 것이 없다. 그러니 공평하게 월요일의 철수도 3시간 공부하고 화요일의 철수도 3시간 공부하도록 계획을 짠 것이다. 하지만 월요일 철수의 입장에서 보면 월요일과 화요일이 같다는 것은 일요일 철수의 무지한 생각이었다. 월요일의 철수에게 월요일은 화요일과 비교할 수 없을 정도로 중요한 날이다. 이렇게 중요한 날에는 인생을 신나게 즐겨야 하는데 그 시간을 공부하는 데 허비할 순 없는 것이다. 따라서 일요일 철수의 계획을 그대로 실행하는 것은 너무너무 잘못된 일이므로 월요일의 철수는 계획을 바꿔 공부는 화요일부터 하기로 한다.

문제는 화요일의 철수도 비슷한 입장이라는 것이다. 화요일의 철수는 자기가 4시간을 공부해야 한다고 정한 월요일 철수의 계획은 받아들일 수 없게 된다. 자연히 화요일은 즐기고 수요일과 목요일에 각각 6시간씩 공부하는 것이 최선의 계획이 된다. 또다시 계획 변경이다.

이제 독자들도 짐작했겠지만, 수요일의 철수는 목요일의 철수가 12시간 공부하고 금요일에 시험을 보는 것으로 계획을 또 한 번 변경할 것이다. 지금까지 우리가 어째서 미리미리 시험공부를 하지 않고 항상 벼락치기로 할 수밖에 없었는지를 하이퍼볼릭 이론이 설명해준다.

이렇듯 철수는 한 명이 아니다. 요일마다 다른 철수들이 존재하며 서로가 각자의 이익을 위해 다투게 되는 것이다. 어려서부터 들었던 자기 자신을 이기는 사람이 성공한다는 어르신들의 말씀이 바로 하이퍼볼릭 이론의 핵심이다.

위의 예에서, 결국 목요일에 벼락치기로 12시간을 공부해야 하는 철수는 금요일 시험을 망칠 가능성이 크다. 당연히 월요일부터 미리미리 차근차근 공부를 했다면 좋았을 것이다.

경제생활도 마찬가지로, 자신을 통제하지 못하면 어려움을 겪게 된다. 젊어서 돈을 흥청망청 쓰다가 노후에 돈이 없어 고생할 수도 있는데, 이는 미리 생각하지 못했기 때문일 수도 있지만, 하이퍼볼릭 이론에 따라 노후보다는 당장 눈앞에 닥친 하루만 중요하다고 생각하는 태도 때문이기도 한 것이다. 노후 대비는 내일부터 혹은 내년부터 하겠다며 미루다가 적정 시기를 놓치고 만다는 이야기다.

이는 단순히 경제활동에 그치는 이야기가 아니다. 앞서도 언급했듯, 인생에서 성공하려면 어느 면에서든 자기 자신을 이겨야 한다. 사실 지금 이 글을 읽고 있는 독자의 두뇌와 마음은 그 독자의 전부가 아니고 일부다. 예를 들어, 나는 체중관리를 잘하지 못하는 편이다. 나는 저녁을 먹고 나면 절대로 야식을 하지 않기로 늘 다짐한다. 나의 건강검진 결과를 보면 어째서 야식을 하지 말고 체중을 줄여야 하는지가 명백하다. 하지만 내 안에는 밤 10시만 되면 냉장고를 향해 달려가는 또 다른 내가 있다. 그는 가정경제와 장기적 건강을 생각하는 마음을 가진 나 말고 또 다른 나다.

결국 옛 성현의 말씀처럼 자기 자신을 이기려면 우선 자기 자신을 알아야 한다. 철수 안에는 경제적으로 절약하고 저축해야 한다고 생각하는 1번 철수도 있지만, 오늘 파티에 가서 즐기고 대출을 받아 백화점에서 비싼 물건을 사고 싶어하는 2번 철수도 있다. 당연히 1번 철수가 2번 철수를 이겨야 경제적으로 옳은 생활이 가능하다.

따라서 1번 철수는 다른 어떤 일보다 먼저 2번 철수를 연구하는 일을 해야 한다. 자식이 부모의 마음 같지 않고 부하 직원이 상사의 명령을 듣지 않는다고 해서 자식을 포기하고 직장 업무를 그만둘 수 없듯이 2번 철수가 말을 듣지 않는다고 해서 1번 철수가 인생을 포기할 수는 없다. 자식이 말썽을 부리면 요즘 무슨 문제가 있는 건 아닌지 살펴보고 어떻게 잘 타일러야 부모의 말을 새겨들을지 연구해야 하듯이 1번 철수도 2번 철수를 연구해야 한다는 이야기다.

내가 잘 아는 선배 중에는 운동을 열심히 해서 몸매와 건강을 잘 유지하는 분이 있다. 그런데 그는 전문가들이 역기를 들거나 오래달리기를 하라고 권해도 하지 않는다. 역기를 들거나 오래달리기를 하면 자기는 너무 힘들어서 운동을 아예 포기할 수도 있기 때문이라는 것이다. 그래서 그저 자기가 좋아하는 운동만 열심히 하고 전문가들이 좋다고 권해도 내키지 않는 운동은 하지 않는다. 자기 안의 다른 자아를 잘 달래가면서 운동을 해야 꾸준히 지속할 수 있다는 이야기였다.

나도 밤 10시만 되면 냉장고에서 음식을 꺼내고 싶어하는 내 안의 2번 한순구 때문에 고민이 많다. 그래서 물이나 우유를 마셔보기도 하고 밤에 재미있는 책이나 영화를 보며 잠깐이라도 2번 한순구의 주의를 냉장고에서 다른 쪽으로 돌려보려 노력 중이다. 내가 관찰한 바에 따르면 2번 한순구는 스트레스를 받거나 피곤할 때 식욕을 더 많이 느끼는 것도 같아 일을 좀 줄이려는 노력도 하고 있다. 효과가 있는 것 같다.

한편, 지출을 줄이는 쪽을 생각해보면 나는 외출을 적게 하는 것이 도움이 된다. 물건 하나 사려고 백화점에 들르면 사고 싶은 물건 서너 개가 더 눈에 띄어 참기 힘들 때가 있다. 꼭 필요한 한 가지를 사러 갔다가 별로 필요 없는 열 가지를 사 오게 되는 것이다. 백화점에 가면 이미 늦다. 충동적으로 물건을 구매하고자 하는 2번 한순구가 깨어나지 않도록 아예 백화점에 가지 않는 편이 낫다.

아마 독자들도 각자의 2번 자아가 있을 테고 그는 나의 2번 한순구와는 다른 개성을 가지고 있을 것이다. 하지만 1번 자아가 2번 자아를 잘 파악해 최대한 옳은 방향으로 이끌어야 한다는 점은 마찬가지이다. 아무쪼록 자기 자신의 또 다른, 문제 많은 자아를 잘 살펴보고 연구해본 후 살살 달래가면서 각자의 경제계획에 맞는 방향으로 이끌어가는 끈기와 지혜가 필요하다.

사실은 철수가 하는 일이 아니라, 철수의 유전자가 하는 일

리처드 도킨스의 명저 《이기적 유전자》의 핵심 내용은 진화의 주체가 '철수'와 같은 인간이 아니라 '철수의 유전자'라는 것이다. 언뜻 철수와 철수의 유전자가 같은 것으로 생각될 수 있다. 하지만 객관적으로 보면 철수의 유전자는 물질적으로 현실에 존재하지만, 철수는 실재하지 않는 머릿속 개념에 불과하다는 것이 도킨스 교수의 논리이다.

'생물'이란 자기 자손을 번식하려는 것이 목적이고 이런 자손 번식에 성공하면 살아남지만, 실패하면 도태되어 멸종한다. 하지만 나, 즉 한순구가 자식을 남기고 죽으면 사실 한순구는 그것으로 끝이다. 이 세상에 한순구는 더 이상 존재하지 않는다. 다만 한순구의 유전자를 그의 자녀들이 가지고 사는 것이니 한순구의 유전자들이 남는다.

원시 지구로 돌아가 생각해보자. 그때는 아주 작은 유전자들이 한정된 먹이를 놓고 살아남기 위해 치열한 경쟁을 벌이고 있었을 것이다. 그런데 어느 순간 획기적인 생존 방법을 찾아낸 유전자들이 있는데, 유전자 혼자 싸우기보다는 다수의 유전자가 서로 연합해 커다란 로봇을 만들어 싸우면 생존과 번식의 확률이 더 높아진다는 발상이었다. 그래서 이런 유전자들이 단세포 생물을 만들기 시작하였고, 그런 유전자들만이 생존하고 진화하면서 급기야 소나무나 코끼리 그리고 인간과 같은 엄청난 로봇을 제작하게 된 것이다.

인간의 몸속에는 46개의 염색체가 있다. 최소한 46개 이상의 유전자가 모여 인간이라는 로봇을 만들었다는 이야기다. 어려서 만화로 보았던 태권V나 마징가Z 같은 로봇을 떠올려보라. 로봇 안에 사람이 들어가 이 로봇을 조종해서 전투를 하지 않던가. 여기서 그 로봇이 바로 나와 같은 사람이고 그 안에서 나를 조종하는 것이 유전자인 셈이다.

그런데 현실에서 유전자들은 로봇을 매 순간 조종하지는 않는다. 로봇을 처음 만들 때 로봇이 평생 알아서 작동하도록 잘 만들어진 프로그램을 심어놓을 뿐이다. 만일 우리가 로봇 태권V를 처음 만들고는 알아서 평생 악의 무리와 싸우도록 프로그래밍을 한다고 하면 어떤 프로그램이 가장 좋겠는가? 하나의 방식은 로봇 태권V에게 "너는 로봇이 아니고 하나의 인격체이다. 그리고 너는 인류를 해하려는 악의 무리와 싸워서 지구와 인류를 지켜야 행복해질 수 있다."라고 프로그래밍을 하는 것이다. 마치 영화 〈터미네이터〉에서 미래에서 온 터미네이터에게 존 코너를 죽이라는 프로그램이 심겨 있어 자신은 죽어가면서도 그 목적을 달성하고자 노력하는 것처럼, 인간이라는 로봇은 자녀를 낳아 잘 키우라는 프로그램이 입력된 채 태어나 평생 그 목적을 위해 노력하는 것이다. 이는 다시 말해, 결혼을 하지 못하거나 자녀를 잘 키우지 못하면 불행해지도록 프로그래밍된 로봇이 바로 우리 인간이라는 의미다.

그러므로 사실 '한순구'라는 존재가 있다는 것은 그저 착각일 뿐이다. '한순구'는 유전자들이 로봇을 만들고 그 로봇이 잘 작동되도록 프로그램의 한 개념으로 심어놓은 상상 속의 존재라는 것이 도킨스의 주장이다. 컴퓨터 화면 속 화살표 커서와 비슷한 것이다. 즉, 컴퓨터 화면의 화살표 커서는 실제로는 존재하지 않지만 컴퓨터 프로그램을 돌리는 데 필수적이고 아주 효율적인 존재다.

결론적으로, '한순구'라는 사람이 마음만 먹으면 한순구의 몸을 자유로이 조종할 수 있다고 생각하지만 실제로는 그렇지가 않은 것이다. 한순구의 유전자들은 '한순구'가 팔다리는 어느 정도 마음대로 움직일 수 있도록 해주었지만, 심장이나 폐, 그리고 위와 같은 소화기관은 조종할 수 없도록 만들어놓았다. 그래서 분명 내 두뇌는 오늘 열심히 공부해야 한다고 하지만 내 몸은 맛난 것을 먹고 싶고 이성을 만나고 싶고 잠을 자고 싶은 욕구를 갖게 됨에 따라 두뇌의 명령을 잘 듣지 않는 것이다. 《이기적 유전자》에서 말하는바, 내 몸의 주인은 '한순구'가 아니기 때문이다.

하지만 경제적으로 옳은 삶을 살려면 이성적 판단을 하는 두뇌에 존재하는 '한순구'가 주인이 되어야 한다. 생물학적 충동만 따를 것이라면 경제학이 필요 없다. 다만 한순구라는 두뇌 속 존재는 자기 몸이 자신의 지배하에 있지 않음을 깨달을 필요가 있다. 내 몸이지만 심장과 폐와 소화기관, 손발이 모두 각각의 욕구가 있다는 사실을 깨닫고 이런 자기 몸을 잘 달래가면서 경제계획을 세우고 실천해야 한다. 내 몸이 수면 욕구가 강하면 어느 정도는 그 욕구를 채워주되 가능하면 잠을 그래도 좀 줄여가면서 더 열심히 일할 방안을 연구해야 한다. 또한 식욕이 강하면 그 욕구를 들어주면서도 그것이 지나쳐 건강을 해치지 않도록 노력도 하고 연구도 해야 한다.

앞서도 강조했듯이, 결국 자신을 잘 연구하는 것이 중요하다. 자신의 결심이 매번 무너진다며 좌절할 필요는 없다. 그 또한 당연한 일이기 때문이다. 두뇌가 명령한다고 해서 몸이 말을 들어줄 이유는 없는 것이다. 다만 그렇게 말을 안 듣는 나의 몸과 마음을 계속해서 연구해야 한다. 그리하여 조금이라도 더 이성적인 방향으로 이끌어야 한다. 그래야 경제적 성공을 거둘 수 있다.

3

큰 차이를 만드는
작지만 확실한 정보들

　경제학에서는 균형(equilibrium)이라는 개념이 아주 중요하다. 경제학을 잘 모르는 독자라도 시장균형이라는 단어는 한 번쯤 들어보았을 것이다. 시장균형은 시장에서 가격과 판매량이 장기적으로 어떻게 수렴할지를 나타내는 개념이다.

　경제학과 박사과정에 들어가면 엄청나게 복잡한 수학을 한참 익힌 뒤 균형을 계산하는 증명을 배우게 된다. 단지 증명 하나일 뿐이지만 너무 길고 까다로워 3시간 수업은 들어야 증명이 끝날 수 있을 정도이다. 일반 균형(general equilibrium)이라는 이름의 이 증명을 처음 이루어낸 경제학자들인 케네스 애로(Kenneth

Arrow) 교수와 제라르 드브뢰(Gérard Debreu) 교수가 모두 노벨 경제학상을 받았을 정도로 중요하고 또 그만큼 유명한 증명이다.[*]

그런데 이 어렵고 중요한 일반 균형의 결론은 다소 허무하다. 시장이 균형에 이르면 모든 사람이 자신의 노력과 능력에 비례해 공평한 이익을 낼 뿐이지 자기 능력보다 특별히 더 많은 이익을 내는 것은 불가능하다는 것이다. 달리 해석하면, 주식시장이 균형을 이루면 그 누구도 남보다 더 많은 돈을 주식투자에서 벌 순 없다는 말이다.

그래서 경제학자들에게 주식투자를 물어보면 해봐야 소용이 없다는 둥 그냥 아무 기업에나 투자하라는 둥 시답잖은 이야기가 돌아오는 것이다. 대표적 일화가 원숭이에게 기업 이름이 죽 적힌 카드 중 10장을 뽑게 하고, 또 월가 최고의 증권 전문가들에게도 앞으로 1년간 주가가 오를 기업 10개를 뽑으라고 해서 받은 기업 리스트를 놓고 비교해보니 원숭이가 뽑은 10개 기업의 주가와 전문가들이 고심 끝에 뽑은 기업 10곳의 주가가 1년 뒤 별 차이가 없더라는 것이다.

---

[*] 케네스 애로는 1972년, 제라르 드브뢰는 1983년 각각 수상하였다.

더 많은 정보를 가진 사람이
더 높은 이익을 얻을 수 있다

그러나 일반 균형의 증명에는 중요한 가정이 하나 있는데, 모든 정보가 공개되어 모든 사람이 동일한 정보를 가지고 투자와 거래를 한다는 것이다. 이는 달리 말하면, 남보다 더 많은 정보를 가진 사람이 더 높은 이익을 얻을 수 있다는 것이다. 그래서 되도록 더 많은 정보를 가지도록 노력해야 한다.

사실 하루 종일 여러 정보를 보고 듣는 증권회사의 전문가들이 일반 개미 투자자들보다 돈을 많이 버는 것은 당연하다. 직장에서 근무하다가 잠깐씩 짬을 내어 정보를 수집하고, 더욱이 그런 정보도 모든 사람에게 공개된 뉴스에 나오는 것이라면 아무래도 주식 투자로 돈을 벌기는 어렵다. 아마도 대개는 돈을 잃을 것이다.

나도 교수로서 학기 중에는 강의와 연구를 하느라 시간이 별로 없고 연중 딱 두 번 여름방학과 겨울방학 때만 주식 관련 정보를 살펴보고 투자를 해봤는데 그 결과가 영 신통치 않았던 경험이 있다. 매일 정보에 신경 쓰는 전문가를, 나 같은 일반 직장인이 이기기는 어려운 것이다. 따라서 일반 직장인들은 개별 주식 종목을 사는 것보다는 코스피 200이나 S&P 500 같은 주가지수와 연동된 상품에 투자해 오래 보유하는 편이 낫다고 판단한다.

그런데 비단 주식투자에서만 정보가 중요한 게 아니다. 간단한 은행 상품을 고를 때도 새로운 상품이 계속 나오기 때문에 지속적으로 신경 써서 체크하지 않으면 정보가 뒤처지게 된다. 정기예금이나 적금의 이자율도 자주 바뀌고, 각종 보험상품도 새로운 것이 나오기 때문이다.

기존의 상품도 정부의 정책이 바뀌면 세금 혜택 등이 달라지는 경우가 생각보다 많다. 그런데 아무리 경제학과 교수라 해도 신상품이나 정부 정책의 변화를 매일 체크할 수는 없다. 하지만 고객 상담을 담당하는 은행 창구의 직원은 그런 교육을 상시로 받기 때문에 새로운 정보를 훨씬 많이 안다.

그래서 나는 교내의 은행에 한 달에 두 번 정도는 들른다. 좀 친한 은행 직원을 만나 자세히 물어보기도 하고, 친분이 더 쌓이면 전화로 좋은 예금상품이 있는지 묻는다. 내가 학교에 근무하고 있어서 그런지 가입한 예금이 많지 않아도 친절하게 대해주기에 사실 나로서는 유리한 점이 있는 것도 사실이다. 그래서 나는 돈이 거의 없던 조교수 시절부터 은행의 VIP 코너에 가서 궁금한 것을 묻곤 했었다.

그렇다고 은행에서 권하는 대로 따르는 것은 아니다. 은행 직원이 나의 재산에 대해 구체적인 사항을 알지는 못하기 때문이다. 은행에서 신상품이 나왔다고 하면 자세히 묻고 자신의 상황과 비교해 판단하고 궁금한 점은 다시 물어보는 일을 자주 해야 한다는 점이 중요하다. 최종 판단은 스스로 하더라도 정확하고 새로운 정보는 은행에서 얻어야 한다는 점을 강조하고 싶다.

요즘은 인터넷에서 찾아보면 정보가 아주 많다. 하지만 이런 정보가 과연 맞는지 틀리는지 확신하기 어려울 수 있는데, 이때도 일단 은행에 문의하는 게 좋다. 또한 국민연금, 사학연금, 세금 문제, 건강보험료 문제 등은 언제라도 해당 기관에 전화하면 자세하게 답을 해준다. 자꾸 문의해서 얻은 정확한 정보를 바탕으로 저축한 돈을 어떻게 투자하는 것이 좋을지 판단해야 한다.

나는 수많은 주식 관련 정보를 파악하여 주식에 투자하다가는 내 본업인 교수의 일을 제대로 할 시간이 부족하게 될 것이라고 느낀다. 교수라는 직업을 가진 직장인이 하루 종일 주식투자 정보만 수집하고 있는 전문가들과 경쟁해서 이길 수는 없을 것이다.

그렇지만 정기예금, 보험 등은 하루 이틀 관련 사항을 인터넷에서 알아보고 은행에 들러 물어보고 여기저기 전화로 문의해보면 어느 정도 정보 파악이 가능하다. 그렇게 많은 시간이 들지는 않는다. 직장을 다니면서도 틈틈이 정보를 모을 수 있다. 그리고 예금과 보험은 주식처럼 투자자 간 정보 경쟁에서 이겨야 하는 그런 것이 아니다. 금리와 보장 내용 등 어느 정도의 정보 수집으로도 적정 이익을 볼 수 있다. 하지만 주식의 경우에는 아무리 공부를 열심히 하더라도 나보다 더 많은 시간을 들여 더 많은 정보를 획득한 사람이 있으면 그를 이길 수가 없고, 결국 정보가 없어 돈을 잃게 되는 게임이다. 당연히 시간 소모와 스트레스가 많다.

자녀들의 입시도 비슷한 면이 있다. 나는 만약 고등학생 자녀를 둔 부모라면 염두에 둔 대학의 입학처에 자꾸 전화해서 이것저것 문의해보고 가능하면 입학처를 직접 방문해 상담도 받아보라고 권한다. 입시 관련 사항은 이미 모집 요강에 다 나와 있고 대치동 학원 선생님만 믿으면 된다고들 생각하는데, 결코 그렇지 않다. 대학교 입학처야말로 학생을 선발하는 당사자 기관이므로 가장 정확하고 많은 정보가 거기 있다고 봐야 한다. 물론 대학 입학처는 그런 정보를 쉽게 내주지 않으려 하겠지만 학부모와 학생의 질문에는 답을 해야 하는 것 또한 사실이므로 자주 방문하거나 전화를 걸어 문의하다 보면 반드시 힌트를 얻을 수 있다.

은행도 그렇다. 은행은 오히려 방문객에게 과도한 정보를 내주며 여러 상품을 권한다. 그래서 그런 정보는 많이 얻되 바로 가입하지 말고 집에 와서 부부가 하루 이틀 더 알아보며 논의하는 것이 좋다. 은행은 고객에게 유리한 상품을 권하지만, 한편으로는 자신들에게 이익이 되는 방향의 상품을 권할 인센티브도 작용할 터이기 때문에 정보를 얻은 뒤 충분히 검토하는 시간을 가져야 한다. 하지만 일단은 정보를 얻는 것이 매우 중요하다.

고급 정보만 돈이 되는 것은 아니다

은행을 자주 방문하는 것이 귀찮다면 저축은행의 금리를 자주 비교해보고 가장 높은 금리를 주는 곳에 예금하는 것도 이자에서 큰 차이를 얻을 수 있다. 물론 예금보험공사가 보장해주는 5,000만 원 이하로 가입하는 것이 바람직하므로 여러 저축은행에 분산 예치하는 것이 좋겠다.

잘 알아보면 생각보다 저축은행 사이의 금리 차이가 크다. 시중은행과 비교하면 금리 차이는 더 커진다. 나는 위험한 투자는 피하려는 겁쟁이이므로 그나마 발품을 팔아 금리가 높은 저축은행들을 찾아다니면서 5,000만 원씩 나누어 예금하는 일을 비교적 부지런히 하고 있다. 만일 부지런히 이곳저곳 알아봐서 1% 금리를 더 받을 수 있다면 이는 엄청난 차이이다. 위험을 감수하는 것도 전혀 없는데 그저 좀 부지런 떨면 1% 정도의 금리를 더 받는 것이 가능하니 말이다. 이런 1%의 차이가 10년 이상 쌓이면 재산에서 의미 있는 차이로 벌어지게 된다.

세금도 마찬가지이다. 절세가 가능한 예금상품이나 보험상품을 알아내 남보다 세금을 10~20% 덜 내는 것은 충분히 가능한 일이다. 야구 선수들을 보면 3할 치는 타자와 2할 9푼 치는 타자의 실력은 비슷할지도 모른다. 열 번 타석에 섰을 때 각각 안타 3개와

2.9개를 친다는 의미이기 때문이다. 그러나 3할을 치면 누구에게나 강타자로 인정받고 높은 연봉을 보장받는다. 평가나 수입에서 그 차이가 결코 적지 않다. 1%란 이렇듯 인생을 좌우할 수도 있는 차이인 것이다. 은행 이자율도 1% 차이가 뭐 그리 대수롭냐고 생각할 수 있는데, 착각이다. 1% 차이가 수십 년 쌓이면 재산 형성에 정말 큰 차이를 만들 수 있다.

결국 더 많이 벌려면 더 많은 정보를 가져야 한다는 것이 경제학의 메시지이다. 따라서 가장 얻기 쉬운 정보인 새로운 금융상품과 금리 비교 등이 가능한 은행에 자주 들르는 취미를 갖기를 권하는 바이다.

한 가지 덧붙이자면, 요즘에는 각종 금융상품이나 세금 관련 기사가 신문에 많이 등장한다. 그리고 네이버 지식인 등에 질문을 치면 전문가의 답이 뜬다. 매일 이런 기사를 한두 개만 읽어도 은행의 예금상품과 보험상품 관련 정보를 많이 얻을 수 있다. 물론 내가 알고 싶은 것을 딱 맞게 대답해주는 경우는 많지 않을 수 있다. 하지만 이런 노력이 쌓이면 석연치 않은 점을 은행에 가서 물어볼 때 내가 모르는 것을 정확히 질문해 답을 구할 수 있다.

날마다 경제 신문 사이트를 죽 훑어보는 것도 좋다. 나는 주식 등과 관련된 기사, 즉 어느 기업이 전망이 좋다는 등의 기사보다는 정부가 새로 부과하는 세금이 어떤 것이라든지 은행들 금리가

은행 이자율도 1% 차이가

뭐 그리 대수롭냐고 생각할 수 있는데, 착각이다.

1% 차이가 수십 년 쌓이면

재산 형성에 정말 큰 차이를 만들 수 있다.

결국 더 많이 벌려면 더 많은 정보를 가져야 한다는 것이

경제학의 메시지이다.

어떻다든지 하는 기사를 더 챙겨 본다. 주식 관련 기사는 읽는다고 바로 돈을 벌 수 없지만, 세금이나 금리 관련 기사는 잘 챙겨 읽고 며칠만 궁리하면 작은 돈이지만 더 벌 방법을 확실히 알게 되는 경우가 많아서다.

예를 들어, 요즘은 건강보험료가 많이 오르고 있어 문득 내가 노후에 연금을 많이 받게 되면 건강보험료를 많이 내게 되는 건 아닌지 궁금해진 적이 있다. 답은 물론 내가 가입한 연금의 성격에 따라 달라진다는 것인데, 일단 인터넷으로 검색해 정확한 용어를 숙지하고 각 연금관리공단과 국민건강보험공단에 전화로 문의해서 궁금한 점을 해결하였다.

요즘은 전화나 인터넷으로도 다양한 문의가 가능하다. 물론 전통적 방법인 방문을 통해 묻는 깃도 좋다. 공짜로 정보를 얻고 그 정보를 이용하여 돈을 불릴 수 있다면 이런 질문을 열심히 하고 다니는 게 당연하지 않은가. 정보를 가진 사람들이 의외로 아주 친절하게 정확한 답을 준다는 점을 알게 될 것이다.

4

성공은 계단식,
일단 10년은 버텨라

나는 교수 생활을 25년 넘게 해왔고, 따라서 학생 상담을 많이 해보았다. 상담을 처음 하던 때에는 학생마다 각기 다른 고민을 가지고 와서 그 각각에 알맞은 해결법을 제시해주고자 고심을 많이 했었다. 그런데 상담을 해나가면서 결국 학생들 고민의 99%가 모두 같은 것임을 깨달았다. 바로 "열심히 노력하지 않더라도 성공은 하고 싶다."라는 마음이 거의 모든 고민의 핵심이었다.

잘 알다시피 경제학에서는 "공짜 점심은 없다(No Free Lunch)."라고 말한다. 노력하지 않고 투자하지 않고 이익을 얻을 수는 없다는 의미이다. 만일 노력이나 비용이 0인데도 불구하고 생산이나 이익이 0보다 커지는 새로운 과학기술이 나온다면 경제학은 역사 속으로 사라질 것이다. 일을 하지 않고도 물건을 만들 수 있다면 지상 천국일 것이고 절약이나 투자라는 개념이 필요 없어질 테니 경제학은 존재 이유가 없다. 물론 가까운 미래에는 절대로 벌어지지 않을 일이다.

힘들어도 노력하든지 아니면 성공을 포기하든지 둘 중 하나만 선택해야 한다는 것이 경제학의 기본 중 기본이다. 하지만 정말 열심히 노력하는 학생들의 고민도 있다. 아무리 노력해도 성과가 나지 않는다는 것이다. 참으로 안타까운 상황이다. 이때는 다음과 같은 이야기를 들려준다.

유명 화가를 스승으로 둔 사람이 물었다. "저는 3일이나 걸려서 그림을 완성했는데 그 그림이 3년이 지나도 팔리지 않습니다. 어째서 그럴까요?" 그러자 스승이 대답했다. "나는 3년 걸려서 그림 한 점을 완성했더니 3일 만에 팔리더라."

"이렇게 노력하는데
왜 성과가 나타나지 않을까요?"

노력하면 성과는 나오기 마련이다. 그런데 문제는 노력이 10%

증가한다고 성과가 바로 10% 증가하지는 않는다는 사실이다. 우선, 노력과 성과 사이에는 '시차'가 존재한다. 일단 노력을 쏟은 뒤 좀 기다려야 성과를 볼 수 있다는 의미이다.

예를 들어, 신입 직원이 야근도 마다하지 않고 업무에 매진한다고 하자. 야근 다음 날 직장 상사가 그런 신입 직원의 노력을 바로 알아줄까? 그렇지 않다. 수많은 부하 직원을 거느린 직장 상사가 한 명의 직원이 야근을 했는지 안 했는지 그날그날 알기는 쉽지 않다. 더구나 야근 하루 했다고 갑자기 다른 동료보다 뛰어난 성과를 낼 수 있는 것도 아니다.

그러나 1년 동안 다른 동료보다 야근을 더 많이 한다면 어떨까? 그렇게 오랜 노력과 정성을 들여 업무를 처리하다 보면 직장 상사의 눈에 띄지 않기가 도리어 어렵다. 1년을 더 노력한 사람의 업무 성과는 당연히 다른 동료보다 높을 것이다. 그런데 업무에서 조금 더 높은 성과를 내고 직장 상사의 눈에 들었다고 해서 또 바로 승진이 되는 게 아니다. 몇 년간 꾸준히 더 좋은 성과를 내야 승진을 할 수 있다.

또한 어떤 업무를 성공시키는 데 열 가지 지식과 기술이 필요하다면, 아홉 가지를 잘했다고 해서 업무 성과를 인정받기도 어렵다. 필요한 열 가지 중 아홉 가지만 잘하는 건 많은 경우 열 가지 모두를 못하는 것과 똑같은 결과를 낸다. 아홉 가지를 잘하는 것은 꽤나 좋은 능력이지만, 결과적으로 성과는 나지 않는 것이니 남들이 알아주지도 않는다.

1986년 미국의 우주선 챌린저호가 발사 직후 폭발하여 일곱 명의 승무원이 모두 사망하는 일이 일어났다. 당시 미국의 많은 국민이 이 사건으로 큰 충격을 받았다. 그런데 그 폭발 원인이 규명되자 미국인들은 더 큰 충격을 받게 된다. 수만 개의 첨단 부품이 들어간, 인류 최고의 기술이 집적된 우주왕복선 챌린저호가 폭발한 원인이 첨단 장비의 결함이 아니라 액체 연료가 새어 나오지 않게 고무로 밀봉하는 간단한 부품인 오링(O-ring)의 결함 때문이어서다. 일반 가정의 화장실에서도 흔하게 사용되는 고무 제품인 오링의 결함으로 연료가 새어 나왔고 여기에 불이 붙어 폭발한 것이다.

이 엄청난 사고가 가르쳐주듯, 우리가 처리해야 하는 많은 일이 실은 완성도가 99%건 1%건 모두 0점일 수 있다. 챌린저호는 완성도가 99%에 이르렀으나 결국 폭발했으니 점수로 치면 0점이다. 100% 완벽해야 100점이 될 수 있는 것이다. 수학 시험 답안지를 채점할 때도 마찬가지이다. 식도 잘 세우고 계산도 거의 완벽했지만 더하기에서 간단한 실수를 해버리면 점수는 0점이 된다. 백지를 낸 학생과 차이가 없다.

따라서 새로 투입된 업무에서 99%까지 배웠다고 해도 아무것도 몰랐던 처음과 똑같이 성과는 0인 경우가 많다. 다만, 겨우 1%를 배운 사람은 100%까지 갈 길이 멀지만 99%를 배운 사람은 이제 1%만 더 배우면 성과를 낼 수 있다. 똑같은 0점 답안지이지만 99%에 이른 0점과 1%에 불과한 0점은 완전히 다른 0점이다.

결론적으로, 노력에 따르는 고통은 연속적으로 꾸준히 증가한다. 하지만 그 성과는 99%까지는 전혀 나타나지 않다가 100%가 되는 순간에 비로소 나타난다. 즉, 성공으로 가는 길은 경사로가 아니라 계단이라는 이야기다. 10년을 열심히 노력해 성공의 계단을 한 번 껑충 뛰고, 그때부터 다시 10년을 노력하면 성공의 두 번째 계단을 또 한 번 껑충 뛸 수 있다.

99%를 맞혀도 0점, 1%를 맞혀도 0점,
하지만 미래가 다른 0점

학교에서 업무 처리를 할 때 나 또한 비슷한 경험을 한다. 학생들을 위한 제도 개선을 모색한다면 우선 그 변경이 가져올 여러 영향을 다방면에서 잘 이해해야 한다. 학생에게는 좋지만 교수나 직원에게는 업무 부담이 과중해질 수도 있고 비용이 너무 증가하여 학교가 감당하지 못할 수도 있기 때문이다. 이런 의미에서, 새로운 제도에 대한 분석이 끝났다고 해도 제도를 곧바로 바꿀 수는 없다. 그 제도와 관련된 당사자들과 유대 관계를 맺으며 설득해나가는 작업을 이어가야 한다.

결과적으로 학교 제도를 하나 개선하고자 하면 그 첫 번째 시도는 정말 10년이 걸린다. 관련된 사항을 모두 파악하고, 동의를 얻어야 하는 모든 사람에게 인정을 받아야 해서다. 하지만 한번 이렇게 한 가지 개선을 이루어내고 나면 그 이후는 훨씬 쉽다. 이미 학교 안의 당면 사안을 파악해놓았고 많은 교수, 직원과도 잘 알고 지내고 있기 때문이다.

역사상 가장 광대한 나라였던 몽골제국을 건설한 칭기즈칸은 65년의 생애를 살았다. 칭기즈칸은 어렸을 때 아버지가 살해당해 9세라는 어린 나이에 부족의 리더가 되었다. 그런 칭기즈칸이 몽골의 모든 부족을 복속시키고 몽골을 통일한 것이 44세 때였다. 9세 때부터 시작했다고 하면 35년이 걸렸다. 하지만 칭기즈칸이 그 후 중국과 이란 등을 정복하여 세계 제국을 건설하는 데에는 17년으로 충분했다.

칭기즈칸도 처음에는 아무리 전쟁에서 승리를 거두어도 영토가 아주 조금밖에 늘어나지 않았다. 오히려 전투에 패하여 영토를 잃기도 하였다. 하지만 몽골을 통일하는 과정에서 잘 훈련된 강력한 군대를 편성할 수 있었고 몽골 내부의 적도 모두 숙청했을 터이다. 몽골인 전체가 단결해 세계를 정복하겠다는 마음가짐도 갖추게 되었으리라. 그래서 몽골을 통일한 다음에는 이전과 똑같은 노력으로도 더 빠른 시간 안에 중국을 멸망시키고 이란까지 정복하는 놀라운 성과를 얻은 것이다.

경제학 개념 중에 매몰비용(sunk cost)이라는 것이 있다. 어떤 물건 한 개를 처음으로 만드는 데 기본적으로 들어가는 막대한 비용을 말한다. 예를 들어, 우리나라에 전화기를 맨 처음 설치했을 때 서울 사람과 부산 사람이 통화하려면 서울에서 부산까지 400킬로미터의 전화선을 깔아야 했다. 바로 이런 게 매몰비용이다. 맨 처음은 이렇게 어렵다. 하지만 그 첫 번째 전화 통화가 가능해지면 이미 깔아놓은 전화선을 이용해 그 이후 수백 통의 전화는 거의 비용을 들이지 않고 쉽게 걸 수 있다. 처음 한 통화가 이루어지기까지는 엄청난 매몰비용이 소요되지만 그 덕분에 이후 통화는 쉬워진다.

기업 조직에서도 마찬가지일 터이다. 어떤 신입 직원이 첫 번째로 부여받은 업무를 스스로 완벽히 해내려면 역시 매몰비용이 들어간다. 따라서 이 신입 직원은 매몰비용을 감당하면서 오랜 시간을 버텨내야 한다. 그렇게 버틴 사람만이 성과를 낼 수 있다.

개인의 경제생활도 비슷하다. 20대 후반에 취직해서 매일 열심히 일하고 근검절약한다고 해서 단번에 부자가 될 수는 없다. 오히려 처음에는 남들보다 열심히 노력하는데도 불구하고 재산이 거의 늘어나지 않을 것이다. 직장에서 승진이 빨리 되는 것도 아닐 것이다. 하지만 이런 노력이 헛된 것은 아니다. 10년 정도 노력하면 어느 순간 승진도 되고 재산도 불어나기 시작한다. 오래 노력한 덕분에 목돈을 마련해 투자의 선택지도 많아지고 정보도 많아지기 때문이다.

나도 조교수와 부교수로 지내던 시절에는 이렇게 평생 교수 생활을 해봐야 재산도 별로 늘지 않을 것 같았고 사회 활동의 전망도 잘 보이지 않았다. 하지만 정교수가 되고 나서는 조교수나 부교수 때는 몰랐던 여러 기회가 있음을 깨닫게 되었다. 내가 정교수가 되기까지 8년이 걸렸으니 10년보다는 2년 적게 노력한 셈이지만, 일단 10년을 열심히 노력한 뒤 그래도 성과가 나지 않으면 그때 신세한탄을 해도 늦지 않다고 말하고 싶다. 운이 몹시 나쁜 사람이라도 10년 노력을 들이면 반드시 성과가 있다는 것이 내 경험이다.

그러니 아무리 노력해도 승진이 안 되고 재산이 늘지 않는다는 고민과 불평은 일단 10년은 노력을 해본 뒤에 하자. 고민하고 불평할 시간에 조금 더 노력한다면 10년 걸릴 성과를 더 짧은 시간 안에 낼 수도 있다.

또 한편으로는 이런 생각도 해볼 수 있다. 노력의 성과가 나오기까지 오랜 시간이 걸린다는 건 그런 이유로 중간에 포기하는 사람도 많다는 이야기일 수 있다. 노력해도 성과가 보이지 않으면 낙담하게 되고 그러다 의욕을 잃게 되는 것이 인지상정이니 말이다. 그렇기에 일단 10년은 무조건 열심히 해보겠다고 굳게 마음먹고 노력하는 사람이 중간에 포기한 경쟁자들을 다 제치고 성공할 가능성이 커진다.

근로 소득의 가치는
쉽게 사라지지 않는다

　코로나19 팬데믹 상황이 학교에 불러온 가장 큰 변화는 비대면 온라인 강의의 확산이었다. 이전에는 온라인 강의가 거의 개설되지 않았지만, 코로나19 팬데믹이 닥치자 거의 모든 강의가 온라인으로 개설되었다.

　온라인 강의의 특징은 수강생 수가 대면 강의보다 훨씬 많을 수 있다는 점이다. 대개 대학의 강의실은 수용 인원이 100명 내외이다. 물론 300명 이상 수용 가능한 대강당도 있지만 전교를 통틀어 서너 개에 불과하므로 통상적으로는 100명 정도 수용할 수 있는 강의실이 최대치이다. 그래서 500명 학생이 수강을 원하면 400명을 돌려보내야 하는데, 온라인 강의에서는 당연히 500명이 아니라 1,000명의 학생도 한 강의에 수용할 수 있다.

내가 이런 이야기를 하는 이유는 코로나19 팬데믹 상황에서 온라인 강의를 개설하여 최근 몇 학기 동안 500명 수강생을 받았기 때문이다. 연간으로 치면 1,000명이 조금 넘는다. 한번은 학생들이 내는 등록금을 기준으로 내 수업을 통해 학교가 연간 벌어들인 수입을 계산해보았더니 내가 받는 연봉의 4~5배였다. 학교를 위해 내가 벌어준 돈의 25% 정도만 내가 받고 있다는 이야기다. 조금 억울하기도 했다.

대학병원 의사들은 왜 개업을 하지 않을까?

그런데 나보다 더 억울한 사람들이 있으니, 의대 교수들이다. 물론 의대 교수들은 다른 학과의 교수들에 비해 연봉이 높다. 하지만 개업을 해서 자기 병원을 운영하는 의사 친구들과 비교하면 훨씬 적은 연봉을 받으면서 대학병원에 근무하고 있다. 모르긴 해도 아마 대학병원에 교수로 남은 사람들이 대학 시절 학업 성적은 가장 좋았으리라 짐작되는데 이후 현장에서는 돈을 훨씬 적게 받는 것이다.

그런데도 의대 교수들은 어째서 개업을 하지 않고 대학병원에서 상대적으로 적은 연봉을 받으며 근무하는 것일까?

그 까닭을 경제학적으로 한번 따져보자. 직장생활을 하는 사람들은 모두 보험을 들고 있는 셈이다. 나도 코로나19 팬데믹 상황에서는 연간 1,000명의 학생을 가르치는 '특수'를 누렸으나 나이 들어 내 강의의 인기가 시들해지면 수십 명밖에 듣지 않는 날이 올 수도 있다. 만일 대학이 학원처럼 학생들 숫자에 맞추어 교수 월급을 준다면 나는 한창때는 지금 연봉보다 훨씬 높은 수입을 올리겠지만 나이가 들면 한 푼도 못 벌 수 있다. 즉, 수입이 높고 낮아지는 변동성이 심할 수 있다는 말이다.

그렇지만 나의 직장은 대학이고 이곳은 그런 위험으로부터 나를 보호해준다. 대학에서는 내 강의가 인기 있을 때나 없을 때나 일정한 월급을 준다. 따라서 나는 65세까지 큰 걱정 없이 또박또박 월급을 받으며 강의할 수 있다.

의대 교수들도 마찬가지일 것이다. 대학병원 밖으로 나가 개업을 하면 당장은 훨씬 많은 돈을 벌 수 있다. 하지만 개업을 하면 더 이상 월급쟁이가 아닌 사업자가 된다. 수입이 일정할 것이라는 보장이 없다. 더구나 의료 서비스 관련 소송이나 문제가 생기는 경우 대학에 소속되어 있다면 담당 직원들이 대신 해결해주고 비용도 대학이 부담하지만, 개업을 하면 자기 자신이 모든 부담을

져야 한다. '소송'이라는 것이 엄청난 스트레스와 타격을 주는 일이라는 것을 생각하면 상당한 부담이 될 수밖에 없다. 최악의 상황에서는 병원이 파산할 수도 있다. 대학병원에서 일하면 돈은 덜 벌지만 병원을 직접 경영하는 데 따르는 위험은 피할 수 있다.

꽤 오래전의 이야기이기는 한데, 모 대학의 어느 경제학과 교수 한 사람이 문제를 일으켜 해고를 당한 적이 있다. 사안이 꽤 중대하여 다른 대학에 취업하는 것도 불가능한 상황이었다. 그래서 그 교수가 어떻게 먹고살지 걱정이 되었다. 하지만 기우였다. 그 전직 교수가 고시 학원에 들어가 경제학 강의를 개설했고 매달 1억 원의 수입을 올리고 있다는 소문을 얼마 후에 듣게 되었으니 말이다.

생각해보면 충분히 가능한 일이다. 현재 나도 강의를 통해 학교에 수억 원의 수입을 벌어주고 있기 때문이다. 학기 초에 강의실에 학생들이 많이 와 있으면 물론 기분이 좋지만 동시에 이 많은 학생의 중간고사, 기말고사 채점이 걱정되는 것도 사실이다. 그런데 만일 학생 수에 비례해 돈을 받는 학원 강사가 된다면 어떨까? 강의실에 학생들이 꽉 차 있으면 기쁜 마음이 앞설 것이기에, 수강생 수를 늘리려고 밤새워 수업 준비를 할 것이다. 그렇다면 월 1억 원의 돈을 버는 것도 불가능한 일은 아니리라는 생각이 들었다.

그래서 연구 논문을 많이 내지 못하면 학교에서 쫓겨날 수 있는 조교수 시절에는 입학처에서 면접이나 논술 채점을 할 때면 '면접 위원' 또는 '논술 채점 위원'이라는 명찰이 잘 나오도록 사진을 찍어놓기도 했었다. 혹시라도 정교수 승진을 하지 못하고 쫓겨나면 대치동 입시학원에서 고등학생 면접 지도나 논술 지도를 해야 할 수도 있다는 생각에서였다. 다행히 정교수로 승진했고 아직 학교에서 교수를 하고 있지만, 오히려 그때 학원으로 갔다면 더 많은 돈을 벌었을지 모른다는 생각은 지금도 가끔 든다.

그럼에도 나는 학원 선생을 하기 위해 교수직을 버리지는 않을 것이다. 학원 선생은 인기가 있다가도 없을 수 있는데, 만일 인기가 사라지면 수입도 사라지기 때문이다. 더 나아가, 나 혼자만의 생각과 달리 학생들이 전혀 오지 않아 처음부터 인기가 하나도 없는 학원 선생이 될 가능성도 있다. 그러면 강의가 인기가 있든 없든 상관없이 교수로서 매월 받던 월급이 몹시 그리워질 것이다.

결론적으로 자기가 직접 사업을 하지 않고 직장생활을 하면서 월급을 받는 사람들은, 비유하자면 보험에 가입한 것과 같다. 의대 교수가 개업을 하면 평균적으로는 훨씬 많은 돈을 벌 수 있지만, 비록 확률이 낮을지라도 파산 가능성이 아예 없지는 않다. 경제학과 교수 또한 만약 학원 강사가 되면 월 1억 원을 벌 수도 있지만 한 푼도 못 버는 상황이 일어날 수도 있다. 즉, 위험을 감수해야 하는 상황이 된다. 하지만 위험을 싫어하는 사람이라면 아무리 현재 돈을 잘 벌더라도 이런 불확실한 상황이 불안해서 견딜 수 없을 것이다. 그래서 높은 수입을 올릴 수 있지만 위험성이 큰 직업을 포기하고 상대적으로 액수가 작아도 안정적으로 월급이 나오는 직장생활을 해나가는 것이다.

그러므로 내가 학교를 위해 벌어준 돈의 25%만 월급으로 받는 다는 의미는 곧 나머지 75%는 매년 보험료로 내고 있다는 의미가 된다. 지금 보험료로 내가 번 돈의 75%를 내는 조건으로 나중에 내가 개인적 사정으로 강의를 하지 못하게 되거나 인기가 없어져 학생들이 거의 들어오지 않더라도 정해진 월급을 받을 테니 이 월급이 말하자면 보험금이다. 10년 후 내 강의의 인기가 시들해져 10명의 학생만 듣게 되고 그래서 나는 내가 학교에 벌어주는 돈의 10배를 월급으로 받더라도 학교는 할 수 없이 내게 그 돈을 주어야 한다. 그래서 지금 나는 기꺼이 내가 버는 돈의 75%를 학교가 가져가도록 용인하는 것이다.

어떤 위험이라도 견뎌낼 수 있는 담대한 성격을 가진 사람들이 있다. 이런 사람들은 용감하게 투자하고 사업을 한다. 그리고 성공하는 경우도 많다. 하지만 반드시 중간에 큰 어려움을 겪게 된다고 보는 것이 맞는다. 20년 후에 큰 부자가 된다 하더라도 처음이나 중간에 2~3년 동안은 가족의 생계를 걱정하고 집도 없이 거리로 내쫓기는 최악의 상황을 우려해야 하는 시기를 겪을 수도 있다.

부동산이나 주식에 크게 투자하는 경우도 유사한 위험이 따른 다. 부동산이나 주식은 일정 기간 이익을 보는 듯해도 폭락하는 시기가 한 번씩은 꼭 온다. 이 시기를 미리 알 재주는 누구에게도 없으니 그 경우 대개는 큰 손해를 볼 수밖에 없다. 만일 빚까지 내 어 부동산이나 주식에 투자했다면 파산해서 다시는 재기하지 못 하는 상황에 처할 수도 있다. 자기 돈으로 투자했다고 해도 수년 간 열심히 저축해서 모은 돈을 모두 날릴 위험이 있다.

멋진 파이어족?
노후가 행복한 베짱이는 없다

위험한 투자나 사업을 하지 말라는 이야기를 하는 건 아니다. 하지만 아무리 작아 보이더라도 매월 입금되는 근로소득만 한 것 이 사실상 없다는 점을 염두에 두어야 한다는 뜻이다. 단기적으로 는 은행에서 높은 금리를 주기도 하지만 10년 장기로 놓고 보면 3% 이상의 금리를 주는 곳은 거의 없다. 만일 당신이 10억 원을 3% 금리로 예금한다면 연간 이자소득이 3,000만 원이다. 이 말은 다음과 같은 의미도 된다. 즉, 당신이 직장에서 연봉 3,000만 원을 받는다면 당신은 은행에 10억 원을 넣어놓은 셈이다. 만일 연봉이 6,000만 원이라면 은행 예금 20억 원에 해당하는 큰돈을 가지고 있는 것과 같다. 경제적 기준만 놓고 보면, 꾸준히 입금되는 현금과 위험 없는 수입이 가장 중요한데 이 두 가지 특징을 모두 갖춘 것이 바로 근로소득이다.

이런 근로소득 또는 인적 자본의 중요성을 가장 잘 알고 있는 민족이 아마도 유대인 아닌가 한다. 입시 지옥에서 자녀를 좋은 대학에 보내려 노력하는 동양의 부모들과 달리 서양의 부모들은 자식의 학업에 그리 목을 매지는 않는 편인데, 유일하게 동양인처럼 공부를 강조하는 민족이 유대인인 것 같다. 미국의 경제학과 교수들 대부분이 알고 보면 유대인이라 할 정도로 많은 것은 결코 우연이 아니다. 내가 미국에 막 유학을 갔을 때 들은 이야기다. 어떤 교수가 유대인인지 아닌지 궁금해하는 신입생이 있으면, 이렇게 말해주면 된다는 것이다. "절대 유대인이 아니라는 증거가 있지 않는 한 모든 교수가 유대인이라고 보면 정확하다."

유대인은 많은 핍박을 받은 민족이고 그래서 공부를 더 중요시하게 되었다는 이야기도 있다. 돈이 많고 땅이 많으면 권력자가 와서 언제라도 빼앗아 갈 수 있지만 절대로 빼앗아 갈 수 없는 것이 있으니 바로 머릿속 지식이라는 것이다. 사실 이 점은 비단 유대인이 아니라도 누구에게나 적용될 수 있지 않을까. 돈이나 땅은 잘못된 투자나 사기를 당해 빼앗길 수 있다. 하지만 아무리 솜씨 좋은 도둑놈이나 사기꾼도 머릿속에 들어 있는 지식은 빼앗아 갈 수 없다. 그런데 그 지식이 많으면 높은 근로소득을 얻을 수 있으니 그만한 재산이 없다.

당신이 재산이 많이 늘어 '이제 일을 그만할까?'라고 생각한다면 다시 한번 철저히 계산해볼 것을 권하는 바이다. 만약 당신이 은행에 10억 원을 저축해놓고 있는데 매년 5,000만 원을 쓴다면 20년밖에 쓸 수 없다. 만일 그 10억 원을 맡긴 은행이 도산하거나 그 돈을 다른 곳에 빌려줬다가 사기를 당한다면 당신은 빈털터리가 된다. 또 인플레이션이 발생하면 10억 원이 5억 원 가치로 하락할 수도 있다. 예상하지 못한 병에 걸려 1억 원을 허무하게 병원비로 쓸 가능성도 사실 매우 높다. 하지만 당신이 매년 5,000만 원의 근로소득을 얻을 수 있다면 이런 걱정에서 벗어날 수 있다. 근로소득의 가치는 쉽게 사라지거나 폭락하지 않기 때문이다.

또한 근로소득은 밑천이 들어가지 않는 장사라는 점에서도 아주 훌륭한 소득원이다. 직접 몸으로 뛰어 벌어들이는 근로소득 이외의 모든 소득은 상당한 돈을 투자해야 얻을 수 있다. 은행에 예금을 해서 이자를 받거나 주식이나 부동산에 투자해서 수익을 올리려면 일단 당신의 목돈을 '투입'해야 한다. 부동산투자에는 10억 원 이상의 돈이 필요한 경우가 많다. 물론 10억 원을 투자했는데 부동산 가격이 오르면 일도 하지 않고 수억 원의 이익을 챙길 수 있다. 남들이 매일 열심히 일해서 돈을 버는데, 가만히 앉아서 그 몇 배인 수억 원을 벌게 된다면 즐거운 일일 것이다. 하지만 집값이 떨어질 가능성도 분명히 존재한다. 그러면 원금 10억 원을 모두 잃을 수도 있다. 만일 빚을 얻어 10억 원을 투자한 상황이라면 집값 하락 시 돈을 잃는 수준이 아니라 빚더미에 올라앉아 신용불량자가 될 수도 있다.

반면, 몸을 움직여 벌어들이는 근로소득은 힘은 좀 들 수 있어도 돈을 투자한 것이 아니라 자신의 시간을 투자한 것이므로 문제가 생겨도 잃을 것이 없다. 최악의 상황이라고 해봐야 돈도 못 벌면서 그저 내 시간을 소비하게 되는 것뿐이다. 그런데 돈을 못 벌어서 시간만 소비했다고 해도 결국 그 과정에서 배운 바는 있을 테니 알고 보면 큰 손해도 아니다. 그래서 담대한 성격이 못 되는, 위험 회피적 성향의 사람들에게는 근로소득이 가장 알맞은 돈벌이 방식이다.

근로소득은 이렇게 중요하다. 그런데 가급적 높은 액수의 근로소득을 얻고자 한다면 배움을 게을리하지 말아야 한다. 배우면 배울수록 근로소득이 올라가기 때문이다. 또한 건강을 잘 유지하는 것도 중요하다. 나이가 들어도 건강을 잘 유지하기만 한다면 나이

자체가 큰 문제가 되지는 않는다. 반면, 젊은 사람이라고 해도 건강을 잃으면 근로소득을 얻지 못한다.

주식투자와 부동산투자로 눈을 돌리기 전에 자신의 근로소득이 얼마나 소중한 것인지를 다시 확인해보기 바란다. 그리고 다른 방법으로 아무리 돈을 번다 해도 가능하면 근로소득은 포기하지 않는 것이 정답이라는 사실도 잘 기억하자.

요즘 파이어족(FIRE; Financial Independence Retire Early)이라는 말이 곧잘 들린다. 40세 또는 그 이전에 일찍 퇴직하여 더 이상 일하지 않고 살고자 하는 사람들을 일컫는 용어라고 한다. 앞에서도 언급했듯이 경제학은 '개미와 베짱이' 이야기에서 개미의 삶이 옳고 베짱이의 삶이 틀리다고는 이야기하지 않는다. 다만 베짱이의 삶을 택하면 젊은 시절에는 즐겁겠지만 나이 들어서는 힘들다는 사실을 기억해야 한다고 말할 뿐이다. 정확히 객관적으로 상황을 파악하고 나서 스스로 선택하는 것은 무엇이든 경제학에 부합한다.

그런데 '파이어족'이라는 단어에는 노후에도 편하게 지낼 수 있는 베짱이의 삶이라는 의미가 포함된 것 같아서 경제학자인 나로서는 다소 걱정스럽기도 하다. 인간 수명의 획기적 연장이나 엄청난 인플레이션, 또 주식시장 폭락 등 우리가 알지 못하는 대규모의 경제 충격이 미래의 우리를 기다리고 있을지 모르는데, 꼬박꼬

경제학은 '개미와 베짱이' 이야기에서
개미의 삶이 옳고 베짱이의 삶이 틀리다고는
이야기하지 않는다. 다만 베짱이의 삶을 택하면
젊은 시절에는 즐겁겠지만
나이 들어서는 힘들다는 사실을
기억해야 한다고 말할 뿐이다.

박 안정적으로 들어오는 월급을 포기한 채로 경제계획을 세운다는 것은 그 자체로 무모한 일 아닐까.

혹시라도 저소득 가정에 대한 정부의 지원을 염두에 둔 파이어족이라면 인구 감소와 재정 적자 누적으로 정부가 복지 정책을 중단할 가능성이 있다는 점 또한 반드시 고려해야 한다. 그런 최악의 상황이 일어날 수 있다는 가정하에서도 평생 경제적으로 걱정이 없다고 판단되는 사람이 있다면, 내 생각에 그 사람은 파이어족이 아니라 엄청난 부자일 뿐이다. 근로소득의 포기는 함부로 할 일은 결코 아니라고 생각한다.

인생에서 돈은 어떤 의미일까?

그 누구라도 죽으면 다 흙과 먼지로 돌아간다. 천하를 호령하며 진시황릉을 쌓았던 진시황도 결국 한 줌의 흙이 되었다. 그 어마어마한 권력과 백만 대군도 죽으면 모두 의미가 없으니, 그까짓 돈 몇 푼에 밤잠도 못 자고 인생을 즐기지도 못하는 것은 어리석은 일이라는 주장 또한 설득력이 있다.

나는 경제학자이지만, 인생의 진정한 의미를 깨닫기 위해 모든 것을 포기하고 종교인이 되는 사람을 보면 매우 존경스럽다. 인생의 의미를 모르는데 돈이 다 무슨 소용인가. 경제학을 아무리 공부하고 돈을 아무리 벌어도 인생의 의미에 다가갈 수는 없다.

내가 경제학을 공부하기로 마음먹은 이유

젊은 시절 내가 경제학을 공부하게 된 이유는 돈을 많이 벌기 위함은 결코 아니었다. 의사나 변호사가 되면 더 높은 수입을 얻을 수 있음을, 더 나아가 경제학을 공부하더라도 금융기관에 취업하면 성과에 따라서는 수십억 원의 연봉을 받을 수도 있음을 잘 알고 있었으니, 돈을 많이 벌고자 경제학 박사 공부를 한 것은 아니었다.

경제학을 학문적으로 공부하기로 한 것은 일단 경제학 공부가 인간의 행동과 사회현상을 잘 설명해준다는 사실에 매료되었기 때문이다. 내가 종교인이 되어서 인생의 의미를 알아내는 데 평생을 바칠 가오까지는 하지 못하는 상황에서 어떤 일을 하는 것이 내 인생을 가치 있게 사는 것인지 가장 간단하게 해법을 주는 학문이 바로 경제학이라는 생각이 들었다.

무슨 말인지 생각해보자. 당신이 손재주가 뛰어나 이발사가 되었다고 해보자. 당신의 이발소는 높은 가격을 매겨도 예약이 꽉 찰 정도로 인기가 좋다. 당연히 당신은 이발업으로 많은 돈을 벌 수 있을 것이다. 하지만 하루 종일 남의 머리카락만 만지는 일을 하면서 인생 대부분을 보내고 싶지는 않다면 어쩔 것인가? 사실 당신의 꿈은 하루 종일 그림을 그리는 화가다. 하지만 당신의 그림 솜씨는 영 별로라 당신이 그린 그림을 사겠다는 사람은 거의 없다고 해보자.

이 경우 당신은 뛰어난 재주를 발휘하여 이발업으로 돈을 버는 것이 옳은가, 아니면 잘하지는 못해도 정말 하고 싶은 일인 화가의 업을 갖는 것이 좋겠는가? 아마 지금 이 순간에도 많은 사람이 이런 고민을 하고 있을 것이다. 사실 나도 교수로서 학생을 가르치기보다는 지금이라도 소설을 쓰는 작가가 되고 싶다는 꿈이 있다. 하지만 이런 이야기를 꺼낼 때마다 아내는 말도 못 꺼내게 나를 나무란다.

내가 생각해도 내가 소설을 쓴다고 해서 읽어줄 사람은 거의 없을 것 같다. 반면, 내가 강의를 하면 그래도 들어주는 학생이 많다. 물론 우선적으로는, 돈이 문제다. 강의를 해서 꾸준히 들어오는 수입, 그리고 앞으로도 몇 년간 계속 월급이 보장되는 그 수입을 포기하고 거의 99.9%의 확률로 전혀 팔리지 않을 소설을 쓴다는 것은 가정경제의 수입 차원에서 하늘과 땅 차이이다.

그렇지만 누구 말마따나 인생을 돈으로만 환산해 이야기할 수 있는가? 그런데 이 질문에 대해서도 경제학자라면 더 많은 돈을 벌게 해주는 직업을 택하는 것이 인생을 더 가치 있게 사는 좋은 지표가 될 수 있다고 답할 것이다. 다시 이발사와 화가의 예로 돌아가보자.

사실 당신의 시간을 다른 사람을 이발하는 데 사용하는 것이 좋을지 아니면 그림을 그리는 데 사용하는 것이 좋을지 철학적으로 판별하기란 불가능하다. 하지만 당신이 그림 한 장을 그릴 동안 세 명의 사람을 이발해줄 수 있고 그 그림 한 장은 10원에 팔린다고 할 때 세 명의 사람이 당신에게 기꺼이 1,000원씩 지불하고 이발을 한다고 해보자. 그 시간의 가치를 돈으로 따져보자면 10원과 3,000원이 된다.

당신은 똑같은 노력과 시간을 기울였지만, 사회는 당신의 그림에 별로 가치를 매기지 않는 것이다. 물론 다른 사람은 당신의 그림에 10원의 가치만 부여하지만, 당신은 그 그림이 10만 원의 가치를 갖는다고 주장할 수 있다. 만일 당신이 정말로 당신의 그림이 스스로에게 10만 원의 행복감을 준다고 끝까지 주장한다면 그 또한 인정할 수밖에 없다. 하지만 가슴에 손을 얹고 생각해보라. 당신이 길을 가다가 당신이 그린 그림과 똑같이 그려진 다른 사람의 그림을 보았을 때 곧바로 10만 원을 내고 그 그림을 살 것인지를 말이다.

어쩌면 당신은, 그림 그리는 일이 너무 좋아서 그림을 그릴 뿐이라고 주장할지 모른다. 당신이 그렇게 그림 그리는 것이 좋다면 그림 한 점을 그릴 때마다 10만 원을 기부하고 그림을 그릴 용의가 있는가? 물론 당신이 그린 그 그림은 당신이 그대로 소장하는 조건으로 말이다. 만일 당신이 이 이야기를 듣고 "내가 직접 그림을 그리는데 어째서 10만 원을 도리어 기부하냐?"라고 화를 낸다면 사실 당신 자신도 당신 그림에 10만 원의 가치를 느끼지 못한다는 의미로 경제학은 해석한다. 내가 주장하고자 하는 것은 경제학적 관점에서 보면 결국 당신의 그림은 다른 사람에게나 당신에게나 똑같이 금전적 가치가 10원이라는 것이다.

당신에게 이발을 받은 고객이 당신에게 1,000원을 주는 것이 별거 아니라고 생각할지 모르지만, 사실 큰 의미가 있다. 이유야 무엇이든 사람들은 돈을 좋아하고 웬만해서는 자기 돈을 남에게 주지 않는다. 만일 자기 돈을 남에게 쉽게 주는 사람이 있다면 나도 좀 만나고 싶다. 하지만 현실에서 그런 사람을 만나기란 어렵다. 단 1원의 돈이라도, 모든 사람이 자기 것을 소중히 여긴다.

그렇게 자기 돈을 소중히 여기는 사람이 당신에게 1,000원을 주었다는 것은 당신의 이발로 인한 행복감이 1,000원 그 이상이기 때문이다. '내 귀중한 돈, 내가 어렵게 번 돈 1,000원을 주고라도 반드시 저 이발소에서 이발하고 싶다.'라는 마음이 있는 것이다. 달리 말하면 당신이 한 사람을 이발해주면 당신은 그 행위로 인해 이발 받은 사람에게 1,000원 이상의 행복감을 준 것이다.

비록 당신은 돈을 좇아 한 행동이지만 당신의 그 행동으로 인해 우리 사회의 후생(welfare)은 1,000원 이상 늘어난 것이다. 여기서 후생이란 단어는 경제학자들이 어떤 사회의 행복감을 표시하기 위해 쓰는 경제 용어다.

이때 당신은 한 사람의 고객에게 이발을 해주었을 뿐이지만, 그 일은 그 고객의 행복감을 올리는 동시에 한국 사회의 후생을 올리게 된다. 한국 사회의 후생이라는 것이 결국은 5,000만 명 국민의 행복감을 합한 것일 뿐 다른 어떤 것도 아니므로, 국민 한 사람의 행복감이 1,000원 상승하면 한국 사회의 후생도 1,000원 상승하는 것이다.

이발사에게 지불하는 1,000원이 지닌 가치

당신이 제공한 이발 서비스를 받은 사람과 한국 사회가 1,000원의 가치 상승을 느꼈다는 것이 철학적으로 어떤 의미를 갖는지 경제학자들은 알지 못한다. 철학적으로는 아무런 의미도 없을 가능성이 높다. 하지만 경제학적으로 보면 당신이 해주는 이발에 대해 사람들이 기꺼이 지불하는 1,000원이라는 가격은 그냥 마구잡이로 나온 것이 아니다. 사람들은 자기 돈 쓰기를 싫어하므로 항상 가격을 깎고 또 깎을 것인데 그런 고객들이 더 이상 깎을 필요가 없다고 동의한 가격인 것이다. 적어도 당신 동네에서 이발하는 사람들이 모두 기꺼이 합의한 가치가 1,000원이므로 이것은 그저 단 한 사람의 특별한 취향이 반영된 액수가 아니라 당신 마을에 사는 여러 사람의 의견이 합해져 객관적으로 도출된, 즉 아주 공정하게 합의된 가치이다.

반면, 당신이 그린 그림은 당신이 아무리 훌륭한 그림이라고 스스로 생각하더라도 다른 사람들 눈에는 10원에 불과한 가치를 가지는 것이다. 만일 당신의 그림이 빈센트 반 고흐 수준의 명작이라면 주변 사람들이 앞다투어 당신의 그림을 사려고 할 것이며 경매에 부치면 수십억 원에 판매될 것이다. 만일 당신의 그림이 고흐의 그림과 같은 가치가 있는데 10원의 가격이 매겨져 있다면 나라도 당장 달려가서 거금 20원을 주고 살 것이다. 그렇게 구매한 그림을 경매에 부쳐 고흐의 그림처럼 거액을 받고 되팔 수도 있을 것이기 때문이다.

요컨대, 당신의 그림이 정말 훌륭한 예술적 가치를 가지고 있는데 알아봐주는 사람이 없어 10원밖에 못 받는다고 억울해할 필요는 없다. 이 세상에는 예술은 몰라도 큰돈을 벌고자 하는 그림 매매 전문가들이 엄청나게 존재하며, 그들은 지금도 두 눈 부릅뜨고 제2의 고흐와 제2의 피카소를 찾고 있다. 당신의 그림이 정말로 뛰어나다면 그 사람들이 곧 연락을 할 것이다. 바꾸어 말하면, 아무도 그림을 사겠다는 연락을 하지 않는다면 당신의 생각과 달리 당신의 그림은 적어도 현재는 전혀 가치가 없다는 것이다. 따라서 대한민국의 후생을 단 10원밖에 늘리지 못하는 그림을 그릴 시간에 세 명의 고객에게 이발을 해주는 편이 나을지 모른다. 그럼 당신은 한국 사회에 3,000원 이상의 기여를 하게 된다.

이상은 사실 경제학의 시조 애덤 스미스의 '보이지 않는 손 (invisible hand)' 개념을 알기 쉬운 사례를 가지고 설명한 것이다. 애덤 스미스는 나의 행동이 사회와 국가에 어떤 영향을 끼칠지 개인이 걱정하고 계산할 필요가 없다고 하였다. 보이지 않는 손인 가격, 즉 돈을 좇아 행동하면 결국 당신은 사회에 가장 도움이 되는 행동을 하게 된다는 의미인데, 그것이 바로 시장 시스템인 '보이지 않는 손'의 인도다.

물론 당신의 행동이 남에게 큰 피해를 주는 불법적인 것이어서는 안 된다. 하지만 대체로 당신이 법의 테두리 안에서 돈을 가장 많이 벌 수 있는 행동을 매 순간 하고 있다면 당신은 자신의 부를 쌓을 뿐 아니라 사회와 국가에 대해 자기 능력 한도 내에서 가장 큰 기여를 하는 것이다.

무인도에 표류한 세 친구 이야기

내가 수업시간에 많이 드는 예가 무인도에 표류한 세 명의 친구 이야기이다. 현대 문명사회에서는 인간이 굶어 죽거나 추위에 얼어 죽거나 짐승들에게 잡아먹혀 죽는 경우는 거의 없다. 하지만 만일 당신이 탄 배나 비행기가 침몰하거나 불시착해서 당신과 두 친구가 무인도에 표류한다면 다시 세 사람은 원시시대로 돌아가 매일매일 살아남기 위한 투쟁을 해야 한다.

서울 한복판에서 세 친구가 하숙을 하는 경우에는 힘은 세지만 꼼꼼하지 못한 친구가 청소와 바느질을 맡아서 하고, 체력이 약한 친구가 무거운 짐을 옮기는 역할을 하며, 계산 실수가 많은 친구가 세 친구의 돈을 관리한다 해도 목숨에 위협을 느끼지는 않을 것이다. 물론 하숙집 살림은 엉망이 되겠지만 말이다. 하지만 무인도에 표류해 세 친구가 매일 먹을거리를 구해야 하고, 저녁에 짐승의 습격을 막고 비를 피할 집을 지어야 하며, 불도 피우고 마실 물도 떠 와야 한다면 상황은 매우 긴박해질 것이다.

힘이 세서 집 짓는 일에 가장 적합한 친구가 요리를 맡고 달리기를 못하는 친구가 사냥을 한다면 아마 이 세 친구는 얼마 지나지 않아 목숨에 위협을 느낄 것이다. 집이 빨리 완성되지 않아 며칠 밤을 추위에 떨며 잠을 자지 못할 것이고, 사냥에 성공하지 못해 굶으며 지낼 것이다. 이런 식이면 무인도에서 죽을 가능성도 커진다. 결국 무인도에서는 각자 잘하는 일을 맡아서 해야 세 친구가 모두 살아남을 수 있다. 자신이 가장 잘하는 일을 나누어서 하느냐 마느냐가 생과 사를 가르는 것이다.

내가 무인도라는 설정을 했지만 사실 대한민국 국민 전체를 놓고 생각해도 마찬가지이다. 5,000만 명의 사람들이 무인도에 표류한 것과 별로 다를 바 없는 상황인 것이다. 자신이 가장 잘하는 일을 맡아서 하지 않는다면 대한민국 국민은 비록 생명의 위협을 느끼지는 않는다 해도 생활수준이 급격히 하락하고 식량도 상대적으로 부족해지며, 아파도 치료를 잘 받지 못하는 상황에 처할 수 있다.

그렇다면 어떻게 5,000만 명의 국민을 각각 자신이 가장 잘하는 일을 찾아내서 하도록 할 수 있는가? 바로 '보이지 않는 손'인 가격이 그 역할을 맡는다. 이발에 재능이 있는 사람은 화가가 되지 말고 이발사가 되고, 글은 잘 쓰지 못하지만 강의를 잘하는 사람은 소설가가 되지 말고 강사가 되어야 한다. "정말 그래?"라고 의문을 제기할 수도 있겠지만, 대한민국은 그런 보이지 않는 손인 '돈'을 따라 사람들이 일을 함으로써 세계에서 열 손가락 안에 드는 경제대국이 된 반면, 돈 대신 정부의 지시에 따라 일을 했던 북한의 경제는 침체에 침체를 거듭하고 있는 것이다.

돈을 좇는다는 것은

내 돈이 늘어나기도 하지만

나의 행동이 다른 사람들의 행복을 높여주는 데

큰 공헌을 하고 있다는 의미이다.

물론 다시 어떤 철학자가 그렇게 돈만 따라 일을 해서 사람들이 오래 살고 부자가 된다 한들 그것은 인생의 의미와 아무 상관이 없다고 하면 솔직히 나도 할말은 없다. 대한민국 국민이 더 좋은 집에서 더 좋은 옷을 입고 더 좋은 음식을 먹는 것이 전혀 의미가 없고, 자녀가 아플 때 좋은 병원에서 빨리 치료받는 것도 의미가 없으며, 평균 60세까지 사는 대신 평균 80세까지 살게 되어 평균수명이 늘어나는 것도 철학적으로 의미가 없다고 하면 경제학자인 나로서는 더 할말이 없다.

그러나 비록 반론을 펴지는 못하지만 그런 철학자의 말을 듣는다면 나는 심하게 고개를 갸우뚱할 것이다. 정말 의식주가 개선되고 인간의 수명이 늘어나는 것이 그렇게 의미가 없는가? 의미까지는 몰라도 최소한 대부분의 일반적인 사람들은 더 행복할 텐데 그것이 의미가 없다면 과연 무엇이 인생의 의미란 말인가? 경제학자는 속세의 철학자란 이야기가 있다. 깊고 심오한 행복이 아니라 잘 먹고 잘사는 얕은 행복을 담당한다는 뜻이다. 그리고 99.9%의 사람들은 경제학자가 이야기하는 얕은 행복을 소중하게 여긴다.

이야기가 길어졌다. 경제학의 결론은, 돈을 좇아서 돈을 더 벌려고 행동하는 것에 죄책감을 느끼거나 의문을 품을 필요는 없다는 것이다. 돈을 좇는다는 것은 내 돈이 늘어나기도 하지만 나의 행동이 다른 사람들의 행복을 높여주는 데 큰 공헌을 하고 있다는 의미이기 때문이다.

달리 표현하면, 북한 주민의 삶보다 물질적으로 풍족한 대한민국 국민의 삶이 더 낫다고 생각한다면 당신은 더 많은 돈이 되는 행동을 매 순간 선택하여야 한다. 그래서 나는 일단 정년퇴직까지는 열심히 강의를 하며 살기로, 즉 소설 쓰는 것은 잊어버리기로 했다. 하지만 정년퇴직 이후에 내가 소설을 써서 베스트셀러가 되면, 아마 아내는 내게 소설을 쓰지 말라고 했던 것을 깊이 후회할지도 모른다.

제4장

가족은
경제적
운명공동체

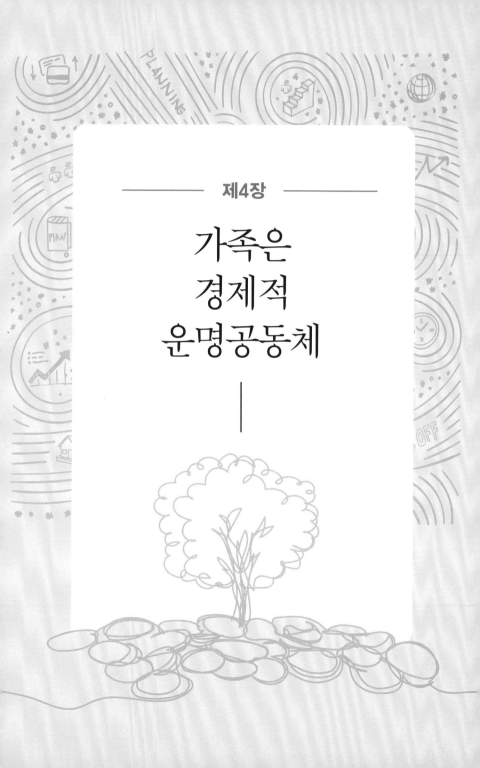

1

배우자를 꼬마 빌딩으로 생각하라

숫자를 주로 다루는 경제학자의 입장에서 수치화가 되지 않는 '감정'은 가장 이해하기 어렵고 다루기 어려운 현상이다. 뒤집어 말하면, 객관적 수치를 이용하면 이해도 쉽고 원하는 수치 달성도 가능하다. 예를 들어, 체중을 5킬로그램 감량하라고 하면 그게 무슨 말인지, 어느 정도 노력해야 하는지 이해가 가고, 일단 시도하기도 용이하다. 원하는 목적이 숫자로 분명히 드러나기 때문이다. 하지만 옷맵시가 나게 몸매를 관리하라고 하면 무엇을 어떻게 해야 하는지 정확히 이해하기가 어렵다.

여자친구가 일주일에 두 번 맛있는 식당에서 식사를 하자고 하면 당연히 그렇게 할 수 있다. 한 번도 아니고 세 번도 아니고 정확히 일주일에 두 번 식당에 가면 된다. 다만 맛있다는 뜻이 좀 애매하니, 차라리 '1인당 3만 원 이상의 값을 지불해야 하는 메뉴를 시킬 수 있는 곳'이라고 말해준다면 별 고민 없이 해결이 가능할 것이다.

그런데 여자친구가 일주일에 두 번 사랑을 표현해달라고 한다면, 이건 아주 곤란한 일이 된다. 대체 사랑을 표현한다는 것이 무슨 의미인지 경제학자로서는 도통 이해할 수가 없어서다. 그리고 기껏 연구해서 사랑을 표현해보아도 여자친구는 전혀 사랑이 표현되지 않았다고 생각할 가능성이 없지 않다.

객관적 지표로 목표를 세우고 가족 관계를 설정하라

인간이 맺는 관계 가운데 가장 중요한 것이 가족 관계이다. 가족 관계는 금전적 관계가 아니고 사랑으로 맺어진 관계이다. 따라서 수치화가 근본적으로 어렵다. 남편이 원하는 것이 무엇이며 그것을 이루기 위해 어떻게 하면 되는지 아내가 다 알 수 없고, 어쩌면 남편도 자기가 무엇을 원하는지 모를 수 있다. 그래서 남편이 무슨 일을 해도 아내는 못마땅하고 아내가 무슨 말을 해도 남편은 잔소리라고 생각하게 되는 것 아닐까?

지금 내가 여기서, 인간의 감정을 잘 이해하지 못하는 경제학자의 자기반성을 하려는 것은 아니다. 오히려 나는, 가족이라 하더라도 사랑이나 자존심 같은 건 버리고 수치화할 수 있는 객관적 지표로 목표를 세우고 관계를 설정하자고 제안하고자 한다. 예를 들어, 남편이 매달 얼마 이상의 돈을 집에 가져다주고, 술은 한 달에 몇 번 이하로 마시며, 자녀와 일주일에 몇 시간 이상 놀아줄지를 지표화하라는 것이다.

이렇게 아내가 객관적으로 목표를 설정하고 남편이 그것을 잘 지키기만 하면 부부가 싸울 일이 없다. 반면, 남편이 그 목표를 달성하지 못하면 아내는 당당하게 남편에게 따질 수 있고 남편도 자신이 목표를 달성하지 못한 것이 너무도 명백하므로 아내의 비난을 감내할 수밖에 없는 것이다. '존경할 수 있는 배우자'나 '착하고 상냥한 배우자' 같은 애매하고 측정 불가능한 기준은 결국 싸움의 원인이 될 뿐이라고, 경제학자인 나는 생각한다.

그리고 이 정도까지는 아니라 해도 부부가 서로의 경제적 가치를 한번 계산해볼 것을 권한다. 앞서도 이자율 3%일 때 매년 6,000만 원의 연봉을 받는 사람이 있다면 그는 20억 원을 정기예금으로 보유한 것이나 마찬가지라고 말했다. 비유하자면, 연봉 6,000만 원을 버는 사람은 매년 임대료로 6,000만 원을 받게 해주는 꼬마 빌딩과 같은 존재인 것이다. 자, 이제 그 사람을 당신의 배우자라고 생각해보라. 당신이 20억 원 가치의 꼬마 빌딩을 갖고 있는데 수도관이 터졌다고 그 꼬마 빌딩에 화를 낼 것인가? 꼬마 빌딩에 불을 질러버리겠는가? 절대 그럴 리 없다. 오히려 빌딩 관리를 소홀히 한 자신을 책망하면서 수도관을 고칠 것이다.

사랑으로 이루어진 부부관계를 20억 원의 꼬마 빌딩에 견주는 것이 어불성설이라고 느낄 수 있지만, 일단 이런 식으로 생각하면 부부 사이에 다툴 일이 적어질 것이다. 남편에게 서운해하기보다는 남편이라는 꼬마 빌딩을 조금이라도 더 잘 관리해서 더 오랫동안 수입이 들어오도록 하는 방안을 연구하게 될 수도 있다.

비유적 표현이기는 하지만 '꼬마 빌딩'이라는 표현이 다소 불편하다면 아내나 남편이 서로를 직장의 상무님 또는 부장님이라고 생각해도 된다. 우리는 직장에서 상무님이나 부장님을 공손하게 대하는데 그것이 꼭 그분들이 존경스럽기 때문만은 아니다. 사실 존경심이 들지 않는 경우도 많지만 직장 생활을 유지하기 위해서는 어쩔 수 없는 측면이 있는 것이다. 부부도 비슷하다. 때로 마음이 안 맞고 다툼이 있어도 배우자가 없어지면 각자의 삶이 더 힘들어질 것 같으니 함께 살아가고자 하는 것이다.

비유하자면, 연봉 6,000만 원을 버는 사람은

매년 임대료로 6,000만 원을 받게 해주는

꼬마 빌딩과 같은 존재인 것이다.

자, 이제 그 사람을 당신의 배우자라고 생각해보라.

수도관이 터졌다고 그 꼬마 빌딩에 화를 낼 것인가?

꼬마 빌딩에 불을 질러버리겠는가?

경제학적으로 계산해보는 결혼의 수익과 이혼의 비용

경제학적으로 따져보면 부부는 그저 '쌍방 독점 계약'의 당사자일 뿐이다. 결혼을 하지 않는다면 그 남성은 여러 여성과 사귈 수 있고 여성 또한 여러 남성과 사귈 수 있는데 그런 불안정하고 단기적인 연애를 하며 살아가려면 노력과 비용이 많이 들어간다. 즉, 경제성이 없다. 그래서 가장 마음이 맞는 남성과 여성이 평생 독점적으로 남자친구와 여자친구가 되기로 장기적 독점 계약을 맺은 것이 결혼이다.

나도 가끔은 아내와 다투고는 한다. 확 헤어질까 하는 생각이 든 적도 아주 가끔 있다. 그런데 언젠가 부부싸움이 있었을 때 밤에 앉아서 이혼 비용을 계산해본 적이 있다. 사실 교수 생활을 20년 정도 한 시점에서 각종 연금과 저축이 늘어났고 아들도 다 성장해서 나는 경제적 측면에서는 노후를 걱정하지 않아도 되는 상황을 거의 만들었다고 생각했다. 그런데 이런 상황에서 이혼하게 되면 경제적으로 어떤 일이 발생할지를 생각해본 것이다.

그 결과 두 사람이 같이 한 집에서 노후를 편히 살 수 있는 돈이라 하더라도 그 두 사람이 헤어져서 각각 살기에는 한참 모자라는 금액임을 알 수 있었다. 단순하게는, 집이 한 채가 필요하던 것이 두 채가 필요하게 되고 자동차도 두 대가 있어야 할 것이며, 각종 집안 살림도 거의 두 배가 되어야 하기 때문이다.

 더 큰 문제가 있다. 이혼하게 되면 당연히 재산에서 가장 큰 가치를 지닌 아파트를 팔아야 하는데, 이때 내야 하는 세금도 만만치가 않을 것이다. 또한 연금보험도 모두 해지해야 할지 모른다. 오랫동안 같이 살며 모든 것을 공유하던 두 사람이 칼같이 절반씩 나누어 가지려면 그 과정에서 엄청난 금전적 손실을 보지 않을 수 없는 것이다. 당장 사랑하는 아들이 대학원 진학을 포기하고 취직을 해서 스스로 벌어 생활해야 하는 상황을 맞게 될지도 모른다.

 이 계산을 끝내고 다음 날 아내에게 보여줬다. 그리고 우리 부부는 돈이 충분하지 않아 이혼은 불가능하다는 결론을 너무도 자연스럽게 내릴 수 있었다. 어차피 계속 같이 살아야 하니 싸울 일도 없다는 생각도 하게 되었다. 무엇보다, 아무리 싸워도 이혼은 더 이상 선택지가 아니게 되었다. 물론 이런 상황은 언제든 급변할 수 있다. 예를 들어, 내가 복권 1등이라도 당첨되어 100억 원을 받는 상황이 된다면 이혼이 충분히 가능할 것이다. 각자가 50억 원씩 나누어 가지면 노후보장도 충분하니 여차하면 이혼하자고 할지 모른다. 특히 쓰레기 분리수거도 매번 헷갈려 하는 나에 비해 가사에 능숙한 아내에게 더 그런 유혹이 있을 수 있다.

 그래서 솔직히 이야기하면 나는 직업이 교수이기 때문에 재산을 많이 모을 수 없는 것을 다행으로 여긴다. 내가 쓴 책이 자칫 엄청난 베스트셀러라도 되어 많은 돈을 벌게 되면 금전적으로 이혼이 가능한 상황이 될 수 있기 때문이다. 물론 그 반대의 경우에도 이혼의 위험성은 있다. 남편인 내가 돈을 벌어 오지 못하고 지출만 하는 경우이다. 남편의 존재 자체가 경제적으로 악성 부채와 같이 변하는 것이다. 만일 이런 남편이 있다면 아내와 자녀는 악성 부채를 손절하고 싶어질 것이다.

그래서 남편이자 아빠로서 존속하기 위해서는 꾸준한 수입을 창출해야 한다. 액수가 좀 적더라도 지속적으로 월급을 받아 오면 사실 그 가치는 상당하다. 매달 꼬박꼬박 임대료가 나오는 꼬마 빌딩 같은 존재감이 있는 것이다. 아내도 꼬마 빌딩에 혹시 금이라도 갈까 싶어 관리를 더 잘해줄 것이다. 물론 아내도 직장을 다니면서 소득을 올려 가정에 기여할 수도 있고, 또한 가정 살림의 총지휘관으로서 지출을 최소화하는 책임을 잘 수행할 수도 있다. 남편도 이런 아내의 경제적 가치를 잘 평가해 감사하고 존중하며 살피는 마음을 가져야 한다.

이렇게 남편과 아내의 경제적 가치를 냉정하게 지표화해서 평가하는 작업을 해보면 대부분의 경우 상대가 나의 가장 소중한 자산임을 깨닫게 된다. 말투가 조금 퉁명스럽고 애정 표현이 서투르더라도 그 경제적 가치를 생각하면서 행복한 가정을 이룰 수 있다는 것이 경제학자인 나의 가족관이다.

이런 가족관을 반대 경우에 적용하면 경제적 가치가 없는 배우자는 냉정하게 쫓아내든지 혼을 내서 고쳐야 한다는 뜻이 된다. 아니 그보다는 아내나 남편에 의해 고쳐지기 전에 스스로 자신의 가치를 올릴 수 있도록 치열한 노력을 해야 한다고 보는 편이 맞겠다. 가족의 모든 구성원이 크지는 않더라도 모두 양(+)의 경제적 가치를 가지고 있다면 그 가정은 아무래도 더 풍요롭고 화목할 것이다.

반면에 다른 가족이 번 돈을 축내는 악성 부채 같은 가족 구성원이 있다면 그 가족이 화목해지기란 거의 불가능에 가깝다. 그러므로 아무리 사랑하는 가족이라 하더라도 악성 부채의 성격을 지닌 구성원이 있다면 그를 냉정하게 꾸짖어 양의 가치를 가진 자산으로 만들어야 한다. 그런 의미에서, 가족 구성원들의 경제적 가치를 계산해보고 이를 바탕으로 객관적이고 합리적인 가족 관계를 쌓아보기를 권한다.

돈이 가정의 행복을 가져다줄 수 있냐고 물으면 사실 경제학자인 나도 답이 궁해진다. 하지만 혹시 돈이 없어도 행복할 수 있냐고 누가 묻는다면 나는 그런 상황은 거의 일어나기 힘들다고 확실히 답할 수 있다. 가족 구성원들이 나름의 경제적 역할을 해서 가정경제에 공헌하는 것은 행복의 충분조건은 아니라도 필요조건

임에는 틀림이 없다.

배우자, 부모, 자녀에게 행복의 충분조건까지 요구하는 것은 지나친 면이 있다. 결국 행복은 자신이 얻는 것이지 아무리 가족이라 해도 그가 나의 행복을 보장해줄 수는 없기 때문이다. 그러하기에 가족에게는 필요조건만 요구하는 것이 맞는다고 생각한다.

모든 가족 구성원이 서로에게 경제적으로 플러스, 즉 양의 공헌을 하고 있다면 가족으로서 최소한의 역할은 하고 있는 것이다. 그리고 이런 기준을 그 누구보다 스스로에게, 즉 남보다 자신에게 더 엄격히 적용해야 한다. 그리하여 자신이 최소한 경제적으로 가정경제에 확실히 기여한다는 확신을 가질 수 있어야 한다. 혹시 자신이 가정경제에 악성 부채나 짐이 되는 존재라면 양의 가치를 갖는 존재가 되도록 최선의 노력을 다하기를 바란다. 당신이 가족에게 경제적으로 음(−)의 가치를 갖는 존재라면 가족이 당신을 버거워하는 것이 당연하기 때문이다.

막연한 감정 말고 수치로 계산해보면 스스로 고쳐야 할 점이 무엇인지 확실히 알 수 있고, 무엇보다도 가족끼리 서로의 가치를 인정하는 좋은 계기가 될 것이다.

2

엄마는 부자인데
아빠는 가난한 집은 없다

　당신이 지금 가정을 이루고 살고 있다면 경제적 의사결정의 주체는 개인이 아닌 가족이 되어야 한다. 보통의 가정이라면 엄마는 부자인데 아빠는 가난한 경우는 별로 없다. 엄마가 부자면 아빠도 부자이고, 아빠가 가난하면 엄마도 가난하다. 미래에 가족의 유형이나 관련 법이 어떻게 바뀔지 몰라도 현재는 그렇다. 만일 그렇지 않다면 그것은 이미 가족 관계가 소멸한 상황이므로 가족이라 부를 수도 없을 것이다.

　자녀 또한 경제적으로 독립하기 전까지는 부모와 경제적 운명을 같이한다. 사실 요즘은 자녀들이 독립하지 않는 경우도 많고,

독립하더라도 자녀가 부모에게 경제적으로 기대는 일도 적지 않다. 물론 이와 반대로 나이 들어 소득이 없는 부모가 자녀에게 경제적으로 기댈 수도 있다. 부모와 자식이 서로 독립적이라고 말은 해도 자녀가 굶고 있는데 돈을 주지 않을 부모도 없고, 부모가 병에 걸렸는데 치료비를 내지 않을 자식도 없다. 가족은 결국 경제 공동체이다.

가족이라는 경제 공동체가
서로 다른 의견을 조율하는 방법

경제학의 여러 분야 가운데 경제학자들이 가장 곤혹스러워하는 것이 공공 선택(public choice) 이론이다. 일반적으로 경제학에서는 한 개인을 기준으로 놓고 경제분석을 한다. 그래야 분석이 용이해서다. 예를 들어, 영희라는 개인이 사과보다 배를 더 좋아한다고 하면 그대로 받아들이면 된다. 경제학자들이 영희를 붙잡고 배보다 사과에 비타민C가 더 많은데 왜 배를 더 좋아하느냐고 묻는 일은 절대 없다. 영희의 일은 영희가 가장 잘 아는데 남이 간섭할 필요가 없기 때문이다.

그런데 공공 선택 이론에서는 다른 상황이 벌어진다. 어떤 조직이나 그룹에서 그 구성원들이 동일한 선택을 해야 하는 상황을 가정하기 때문이다. 즉, 한 조직이 사과 대신 배를 선택했다면 그 조직의 구성원들이 이런 선택에 모두 동의했는지, 만일 동의하지 않았다면 어떻게 서로 다른 의견을 조율했는지 살펴봐야 하는 것이다.

한 기업이 처음으로 해외시장 개척에 나선다고 하자. 사장, 전무, 상무가 모여 회의를 할 때 전무는 유럽 시장에 진출하고자 하고 상무는 미국 시장 진출을 원한다면, 이때 사장이 각자 자기가 원하는 곳에 진출하라고 할 수는 없다. 유럽과 미국 중 한 곳을 반드시 골라야 한다.

교수 사회에서도 비슷한 일이 종종 벌어진다. 새로 교수를 한 명 뽑게 되었는데 어떤 교수는 미시경제학 전공자를 뽑고 싶고, 어떤 교수는 거시경제학 전공자를 뽑고 싶다. 그렇다고 두 명을 섞어서 뽑을 수는 없으니 잘 타협해서 한 명을 뽑아야 한다. 그런데 알다시피 이렇게 다른 의견을 가진 사람들의 의견을 수렴해서 한 가지를 선택하는 과정은 매우 어렵다. 이 공공 선택 분야에서 가장 유명한 이론이, 앞서도 잠깐 언급한 바 있는 케네스 애로 교수가 내놓은 '불가능성 정리(impossibility theorem)'이다. 그 이름에서도 알 수 있듯이 구성원들의 의견을 잘 수렴하는 이상적 방법이란 애당초 존재할 수 없음을 버젓이 수학적으로 증명한 것이다.

요컨대 지금 내가 하고자 하는 말은 이러하다. 첫째, 가족의 경제적 의사결정은 아빠 혼자의 것도 아니고 엄마 혼자의 것도 아니고 모든 가족 구성원의 결정이다. 그래서 가족들이 뜻을 모아야 한다. 그런데 둘째, 이렇게 가족들의 뜻을 모아서 중요한 경제적 결정을 내리는 데 있어 획기적인 방법은 아예 존재하지 않는다. 그저 서로 잘 조율하며 노력해볼 따름이다.

이 문제를 조금 더 생각해보자. 엄마가 노후를 대비해 아끼고 저축하면서 자신이 세워둔 경제계획을 열심히 실행한다 해도 아빠가 툭하면 자동차를 바꾸고 낚싯대가 새로 나올 때마다 산다면 엄마의 계획은 물거품이 된다. 또 부모는 열심히 일하고 저축하여 경제학 원칙에 적합한 삶을 살고 있는데 자녀가 근로 의욕이 없어 대학을 졸업하고도 집에서 놀며 지낸다면, 부모의 노후 계획은 마찬가지로 물거품이 될 가능성이 높다. 자신과 배우자의 노후를 대비하기도 버거운데 자녀의 노후 대비까지 해놓고 죽어야 하는 상황이기 때문이다.

결론적으로, 아무리 좋은 경제계획을 세워 그에 맞춰 열심히 실천해도 다른 가족이 동참해주지 않으면 가정경제의 앞날은 어두울 수밖에 없다. 가족의 경제적 상황을 따지기도 전에 가정불화가 일어날 수 있으니 그 경우에는 경제계획이 다소 미비하더라도 가족들이 한마음 한뜻으로 사는 편이 더 나을 것이다.

어쨌든 가족이 경제 공동체라는 사실은 변함이 없으므로 식구들이 자주 자신들의 현 경제 상황과 미래의 지출 및 소득에 관해 이야기를 나누는 습관을 가질 필요가 있다. "내가 경제를 제일 잘 알고 다 계획을 세워두었으니 너희는 무조건 따라만 오면 된다." 하는 식이어서는 안 된다. 어째서 지금 자동차를 바꾸는 것이 낭비인지, 그 돈으로 나중에 무슨 일을 할 수 있는지 차근차근 가족들에게 설명하고 만일 그렇더라도 새 자동차를 꼭 사야겠다는 것이 어느 가족 구성원의 의견이라면 일단은 경청하고 이를테면 2년 후에 바꾸자는 식으로 절충안을 찾아야 한다.

다 같은 가족이라지만 그중에는 개미 같은 구성원도 있을 테고 또 베짱이 같은 구성원도 있을 것이다. 문제는 개미 성향의 가족 구성원은 열심히 일하는데 베짱이 성향의 가족 구성원은 계속 놀 때다. 이는 경제학적으로 보아 바람직한 형태는 아니다. 개미는 하루 종일 일하고 싶더라도 베짱이 의견을 따라 하루에 한두 시간은 놀아주고, 베짱이는 겨울을 대비해야 한다는 개미의 충고에 귀 기울여 한두 시간 즐긴 후에는 개미처럼 일을 할 수 있어야 한다. 이것이 바로 제대로 된 '공공 선택'이다.

아파트 구입이나 주식투자 같은 경우는 더 그렇다. 가족들이 충분히 논의해 모두 동의한 뒤 투자해야 혹시 투자가 실패하더라도 가족 간 갈등을 줄일 수 있다. 투자의 성공 여부보다 투자의 결정

과정이 더 중요하다는 말이다. 투자는 한 번쯤 실패한다 해도 다시 만회할 수 있지만, 가족의 화합은 한번 깨지면 되돌리기 어렵다. 가족의 화합이 중요한 또 하나의 이유는 가족 화합이 없으면 경제적 성공은 애당초 불가능하기 때문이다.

경제계획을 놓고 가족끼리 더 자주 대화하라

그런데 생각도 다르고 원하는 바도 다른 여러 사람이 모여서 무언가를 같이 결정하는 일인 공공 선택은 일반적으로 보아 '답'이 없는 어려운 과정이지만, 가족 내에서 이러한 선택이 일어나야 할 때는 좀 다른 측면도 작용한다. 즉, 조금 더 쉬울 수 있다. 어떤 면에서 그런지 살펴보자.

진부한 이유이기는 하지만, 일단 피가 섞였다는 점에서 다르다. 모르는 사람이 아니라 내 자녀이고 내 부모인 것이다. 생물학적 관련성 때문에 생판 모르는 남들이 모여서 공동으로 의사결정을 할 때와는 확실히 다르다.

또 하나는 앞에서도 언급한 것처럼 가족은 경제적으로 운명 공동체이기 때문이다. 부모의 경제 형편이 너무 나쁘면 자녀는 한창 배울 시기에 교육을 제대로 받지 못해 어려움을 겪게 된다. 소위

'같은 배를 탄 운명'이라는 것이다. 배가 가라앉으면 모두가 같이 죽는 것이지 아빠만 물에 빠져 죽고 엄마는 살아남을 방법이란 애초에 없다.

자녀가 경제적으로 독립하지 못하고 빚을 지거나 부모에게 계속 의존하면 부모의 경제생활도 완전히 무너질 수 있다. 반대로 부모가 돈을 많이 모아서 남겨주면 자녀는 그 돈을 상속받아 일찌감치 탄탄한 기반을 갖출 수도 있다. 같은 배를 탄 운명이기 때문에 살아도 같이 살고 죽어도 같이 죽는 것이 가족이다.

만일 자녀가 결혼해서 사위나 며느리가 들어오게 된다면 상황이 좀 복잡해질 수 있다. 하지만 그 전까지는 공공 선택의 유형 가운데 합의가 가장 용이한 여건이 가족 내에 마련되는 셈이다. 따라서 시간이 날 때마다 부부가, 그리고 부모자식이 자주 둘러앉아 중요한 경제적 결정을 함께 논의해야만 한다.

우리 가족의 예를 들어보자면, 최근 우리 가족은 내가 나이 들어서 불치의 병에 걸리게 되면 연명치료를 할 것인가 말 것인가를 놓고 가끔 토론을 벌인다. 기본적으로 내 아내는 치료될 가능성이 없는데 돈만 들어가는 연명치료는 할 필요가 없다는 입장이다.

한편 나는 의사가 치료 가능성이 없다고 하더라도 세상에는 항상 기적이란 게 있으니 내게도 그 기적이 일어날 수 있고, 그렇지 않더라도 나는 하루라도 더 살고 싶으니 연명치료를 해달라는 입장이다. 그런데 어느 순간 아내의 뜻을 꺾기 힘들겠구나 하고 깨달은 나는 이제 아들에게 부탁하기 시작했다. 혹시 나중에 아빠가 아파서 연명치료를 하고 싶은데 엄마가 반대하면 아들인 네가 해달라고 말이다. 역시나 아들은 아주 선선히 답했다. "아빠 걱정하지 마세요. 제가 끝까지 치료해드릴게요."

연명치료의 중단은 가족 구성원 전원이 동의해야 가능한 것이니, 적어도 아들만은 반대해줄 거라 생각해 마음이 놓였다. 그런데 어느 날 아들이 내게 이런 질문을 했다. "아빠! 그런데 그 연명치료가 비싸다는 말이 있던데 정말인가요?" 나는 연명치료를 하면 아마 연간 수천만 원의 돈이 들어갈 것이라고 답을 해주었다. 그랬더니 아들이 아주 곤란하다는 표정을 지으면서 그럼 좀 생각을 해봐야겠다고 하는 것이다.

내가 생각해도 연명치료는 경제학적으로 수지타산이 맞지 않는 일이라 아내와 아들을 설득하기가 힘든 상황이다. 유일한 방법은 내 이름으로 종신형 연금을 많이 들어놓아서 가족들이 내가 하루라도 더 살기를 바라도록 만드는 것뿐이라는 생각이 자꾸 든다.

아들과 관련해서는 다른 일화도 있다. 어느 순간 아들은 부모가 돈을 많이 모으면 결국 자신이 상속받게 된다는 사실을 알게 된 것 같다. 그래서 부모의 돈을 자기 돈이라 생각하고 아주 절약하는 생활을 한다. 즉, 엄마가 비싼 화장품을 사거나 아빠가 자동차를 바꿀까 하는 이야기만 꺼내도 아들은 돈을 낭비하면 안 된다고 펄쩍 뛰며 반대한다. 이런 아들의 모습을 보면 경제학자인 아빠로서는 흐뭇하다. 하지만 경제관념이 투철한 아들을 둔 덕분에 아무래도 나의 연명치료는 어렵겠다는 생각도 한편으로는 든다.

3

최고의 경제교육은
부모의 올바른 경제생활

어린이들은 경제관념이 없다는 이야기를 자주 듣는다. 나는 그 말에 동의하지 않는다. 어린이들이 경제관념이 없는 것이 아니라 어른과 어린이의 상황이 다를 뿐이다.

어른들은 무슨 일을 하든지 돈을 내야 한다. 주말에 아이들을 데리고 놀이공원을 가거나 외식을 하려면 부모는 돈이 든다. 그러니 매일같이 외식을 할 수도, 놀러 갈 수도 없다. 그 값을 들여서 놀이공원에 가거나 외식할 가치가 있는지 일단 따져볼 수밖에 없다. 힘들게 번 돈을 지출하는 일이기 때문이다.

자녀들은 다르다. 매일 놀러 가자고 하고 매끼 외식을 하자고 한다. 이유는 간단한데 철이 없는 것이 아니라 놀이공원에 가는 것과 외식을 하는 것이 모두 공짜이기 때문이다. 경제원칙에 충실한 행동을 했을 뿐이다.

세상에 공짜 점심은 없지만, 세상에 공짜 싫어하는 사람도 없다

독자들에게 한번 묻고 싶다. 동네 맛있는 갈빗집이 추첨 행사를 열어 당첨자와 그 가족에게 앞으로 1년간 모든 식사를 공짜로 제공하겠다고 한다. 만약 당신이 당첨되었다면 이 갈빗집에 얼마나 자주 가겠는가? 나라면 매일 갈 것이다. 아마 주말에는 세 번 갈 것이다. 가족이 갈비에 질려서 그만 먹고 싶다고 하더라도 억지로 끌고 갈 것이다. 공짜이기 때문이다.

어린이가 바로 그렇다. 어린이는 무엇을 하더라도 공짜다. 돈은 다 부모가 내기 때문에 어린이 입장에서는 마다할 이유가 없다. 이는 이렇게 바꿔 생각해볼 수 있는 문제다. 만약 스스로 돈을 벌어 그 돈으로 생활을 영위하지 않는다면 70세가 넘은 사람이라 해도 경제학 관점에서는 어린아이와 다를 바가 없다. 따라서 자녀가 특정 나이가 되면 스스로 번 수입으로 부모의 도움을 일절 받지 않고 생활하게 해야 한다.

아직 일을 해서 돈을 벌 수도 없고 그렇게 돈을 버는 것이 바람직하지도 않은 어린이가 어른과 같은 수준의 경제관념이 없는 것은 당연한 일이고 전혀 우려할 일이 아니다. 하지만 중학생, 고등학생, 더 나아가 대학생이 되어서도 자녀가 경제관념이 없다면 그건 큰일이다.

그런데 주변을 보면 대학생은 고사하고 어른이 되어서도 일도하지 않고 경제관념 또한 없는 사람이 적지 않다. 주로 자녀가 어른이 되었는데도 부모가 계속 돈을 줄 때 그렇다. 이는 부모의 책임이 크다. 돈 없는 부모가 자녀를 잘 키우기도 어렵지만, 돈 있는 부모가 자녀를 잘 키우는 것도 결코 쉽지 않은 것이다. 부모가 매달 500만 원을 주는데 고생스러운 직장 생활을 하며 월급 300만 원을 받겠다는 사람이 얼마나 되겠는가. 누구라도 그냥 집에서 놀고 싶을 것이다.

경제학에서는 '더치 디지즈(Dutch Disease)'라는 현상을 말하곤 한다. 수십 년 전 네덜란드 앞바다에서 석유가 발견되었다. 네덜란드 사람들은 땅이 부족해 둑을 쌓아 바다를 메워서 땅으로 만들 정도로 근면 성실한 것으로 유명하다. 실제로 네덜란드는 영토도 작고 거기서 나오는 천연자원도 거의 없는 국가였다. 하지만 성실한 국민성 덕분에 유럽의 강대국들 사이에서도 전혀 뒤처지지 않고 번영을 구가했다. 그러던 네덜란드가 갑자기 축복을 받았는지 앞바다에서 석유가 솟구쳤다.

그리고 얼마 지나지 않아 축복인 줄 알았던 석유가 큰 문제가 된다. 석유를 팔아 큰돈을 벌 수 있게 되자 네덜란드 사람들은 이 제 일을 하려 하지 않았다. 저절로 펑펑 솟아나는 석유를 팔면 먹 고살 수 있는데 아침부터 저녁까지 힘겨운 노동을 해야 할 필요를 느끼지 못한 것이다.

일견 좋은 일이라고 생각되지만, 세월이 지나자 네덜란드의 자 랑이던 제조업이 점차 쇠퇴했고 네덜란드 사람들은 실업자가 되 어 석유를 팔아 번 돈에만 의지하게 되었다. 당연히 석유가 발견 되기 이전보다 네덜란드의 국력은 쇠퇴하고 말았다. 이것이 바로 '네덜란드병(病)'이란 의미의 '더치 디지즈'이다.

복권에 당첨되어 수백억 원의 상금을 탄 사람들을 10년쯤 지나 조사해보면 가난뱅이가 되어 있는 경우가 많다고 하는데, 이것도 더치 디지즈 현상의 일종이라 할 수 있겠다. 하늘에서 떨어진 돈 에 의존하다 보면 스스로 근로를 통해 돈을 벌 수 있는 기술과 열 정이 사라지게 된다. 자기 자신뿐 아니라 온 가족이 근로 능력과 의욕을 상실하기 쉽다. 그런데 하늘에서 내린 돈이 아무리 많다 해도 근로 능력과 의욕을 상실하면 오히려 경제적으로 궁핍해진 다는 것이 석유 유전이 발견된 국가나 복권에 당첨된 개인들의 사례를 통해 증명된다.

그런 더치 디지즈의 교훈을 잘 실천한 나라가 노르웨이이다. 노르웨이도 바다에서 석유가 발견되었다. 하지만 석유를 팔아 번 돈을 당장에는 쓰지 않기로 결정했다. 대신 국부펀드를 조성해 전 세계의 우량 기업에 투자했다. 언젠가 석유 자원이 모두 고갈되어 나라가 경제적으로 위기를 맞을지 모르니 그때를 대비해, 현재의 노르웨이 사람들이 쓰지 않고 미래의 노르웨이 사람들을 위해 남겨놓기로 한 것이다.

그런 점에서 노르웨이의 정치인과 국민은 참으로 대단해 보인다. 만약 우리나라 동해 앞바다에서 석유가 콸콸 쏟아져 나온다면 어떻겠는가? 아마도 그 석유를 판 돈으로 나부터 도와달라고 아우성치는 국민이 많지 않을까? 그 돈만 있으면 온갖 고생을 하며 돈을 벌지 않아도 풍족한 경제생활이 가능할 테니 말이다. 그 유혹을 과연 한국의 국민과 정치인들이 떨쳐버릴 수 있을까? 나는 확신이 들지 않는다.

국가가 아닌 개인 차원에서 보면, 부모가 500억 원을 가진 부자인데 그 아들과 딸이 그 돈 500억 원을 사용하지 않고 미래의 손자 손녀나 증손자 증손녀에게 물려주기로 한 것이나 마찬가지다. 그리고 자신은 스스로 돈을 벌어서 살고 있는 것이다.

바로 이런 태도를 가져야 더치 디지즈를 극복할 수 있다. 그리고 그 돈을 물려받은 손자나 증손자들도 가능하면 그 돈을 쓰지 않고 또다시 자기 아들딸에게 물려주는 것이 좋다. 비록 자신이 그 돈을 쓰지는 않지만 갑자기 병에 걸린다든지 사고를 당해 삶이 어려워지면 그때 물려받은 돈을 사용할 수 있다는 생각에 마음이 든든할 것이다.

내가 만난 엄청난 재력을 가진 분들은 공통점이 하나 있었다. 모두 자녀에게 집 한 채 정도만 사줄 뿐 그 이상으로는 재산을 넘겨주지 않겠다고 미리 이야기해두는 경우가 많다는 것이다. 자녀들이 부모의 돈을 믿고 근로의욕을 잃을까 걱정이 되어서다.

나중에 부모가 자녀에게 유산을 물려주게 되더라도 그 유산을 잘 관리할 능력이 없으면 순식간에 탕진할 수 있으므로 자녀가 올바른 교육을 받아 근면한 태도를 유지할 수 있도록 키워야 한다. 돈을 순식간에 벌 수는 없지만, 순식간에 쓰는 것은 누구나 언제라도 할 수 있다. 그래서 아무리 부자라 해도 돈을 쓰는 일에 있어서는 항상 조심해야 한다.

자녀를 잘 키우는 것, 그것이 바로 재테크

나는 아들에게 경제관념을 심어주기 위해 유치원을 다닐 때부터 '동그라미' 제도를 시행하였다. 아들이 5세쯤 되었을 때 나는 아들에게 앞으로 장난감을 사주지 않겠다고 선언했는데 이것이 바로 동그라미 선언이다. 대신 아침에 인사만 잘해도 그리고 학교 숙제만 잘해서 제출하면 아주 쉽게 '동그라미'를 아들에게 주었다. 동그라미 하나는 500원짜리 장난감을 살 수 있는 권리였다. 따라서 아들이 장난감을 사고 싶을 때는 부모에게 물어볼 필요 없이 그동안 모아놓은 자기 동그라미를 이용하면 되는 것이다.

이 제도를 시행하자 아들의 행동이 확 달라졌다. 전에는 장난감 가게에 가면 자동차나 로봇을 사달라고 칭얼대며 졸랐는데 이제는 점원 누나와 사고 싶은 장난감에 대해 10분 이상 이야기를 나누며 이런저런 질문을 하는 것이었다. "만일 내가 오늘 샀는데 다음 주에 할인 들어가면, 그때 다시 가지고 와도 할인을 해주시나요?" 같은 제법 어려운 질문을 하기도 했다. 그리고 내가 "이제 좀 대충 사서 집에 가자."라고 하면 "아무리 아빠라고 해도, 남의 동그라미라고 그렇게 말씀하시면 서운합니다."라고 하면서 서너 곳의 장난감 가게를 더 돌아다니며 가장 가격이 싼 가게를 찾는 것이었다.

경제학에서 가장 중요한 개념이 주인의식이다. 아무리 똑똑하고 많이 배운 사람도 주인의식 없이 돈을 쓴다면 비상식적 낭비를 하기 쉽다. 얼마 전 맛 좋기로 유명한 어느 식당을 주말에 방문한

적이 있다. 그런데 평소와 달리 손님이 거의 없었다. 주인에게 그 이유를 물으니 "평일에는 직장 법인카드를 가지고 회식하는 손님이 많지만, 주말에는 법인카드를 사용하지 못해 손님이 없어요." 라는 대답이 돌아왔다. 법인카드를 쓰면 자기 돈이 드는 것이 아니므로 비싼 식당에서 좋은 음식을 먹지만, 법인카드를 사용할 수 없는 주말에는 비싼 식당에 가지 않는다는 의미다. 바꿔 말하면, 주말에는 주인의식이 있지만 평일에는 주인의식이 실종된다는 뜻이기도 하겠다.

자녀에게 백날 경제이론을 가르쳐봐야 경제관념이 제대로 생기기 어렵다. 하지만 자녀에게 돈을 주고 알아서 지출하라고 하면 자기 돈이기 때문에 주인의식으로 무장해 꼭 필요한 물건만 사고 남은 돈은 아껴가며 쓰고 저축도 할 것이다.

한편, 자녀에게 이런 경제교육을 하는 것도 중요한 일이지만 부모는 자녀가 통상적인 학교 공부도 잘할 수 있도록 지원해야 한다. 이를테면, 부모가 주말에 부동산투자를 하고자 여기저기 땅이나 건물을 보러 다닐 수 있다. 아마 그런 노력을 하면 언젠가 큰 이익을 남길 수도 있을 것이다. 하지만 중학생이나 고등학생 자녀를 혼자 집에 남겨놓고 부모가 주말 내내 나가 있다면 자녀는 아마도 공부를 덜 하게 될 가능성이 매우 크다.

그렇다면, 과연 경제적 측면에서 어느 쪽이 더 이익일까? 나는

경제교육이 중요하지만

학교 교육에 지장을 줄 정도로 할 필요는

없다고 생각한다.

일단 좋은 대학에 들어가고

좋은 직장을 찾으려고 노력하는 것이

경제적으로 더 풍요로워지는 지름길을 찾는 방법이다.

자녀의 교육에 신경을 써서 자녀가 조금 더 좋은 대학에 가고 조금 더 좋은 직장에 들어가도록 하는 것이 경제적으로 이익이라고 생각한다. 앞에서도 말했듯이 부모가 돈을 많이 벌더라도 자녀가 경제적 자립을 이루지 못하면 가정경제가 어려워질 수 있다. 부모의 근로소득이 중요하듯이 자녀들의 근로소득도 중요하다.

또한 경제적 투자에서 남보다 이익을 더 남기려면 남보다 더 좋은 정보를 많이 얻는 방법뿐이라고 앞에서 말했는데, 좋은 대학을 나와서 좋은 직장에 다니면 좋은 정보를 가진 사람을 평생 동안 더 많이 만나게 된다. 근로소득 측면에서나 경제적으로 도움이 되는 정보를 얻는 측면에서나 자녀들이 공부를 잘하는 것이 큰 도움이 된다. 그런 의미에서, 부모의 시간을 당장 돈 버는 데 쓸 것인가 아니면 자녀 교육과 관련된 활동에 쓸 것인가를 생각해 부모의 시간을 잘 분배해야 한다.

자녀에게 물고기를 잡아다 주기보다 낚시하는 법을 알려주라는 말이 있다. 자녀가 공부에 최선을 다해 좋은 직업을 갖도록 하는 것이 낚시하는 법을 가르치는 것에 해당한다. 돈을 주는 것은 물고기를 잡아다 건네주는 것인데, 아무리 많은 물고기를 주어도 언젠가는 다 먹어 치우는 순간이 오게 된다. 하지만 낚시하는 법을 가르치면 물고기가 다 떨어지는 일은 웬만하면 일어나지 않을 것이다.

이미 언급한 바와 같이, 자녀에게 기본적인 경제관념을 가르치는 것은 매우 중요하다. 하지만 요즘은 경제교육이 지나치게 강조된다는 느낌도 없지 않다. 경제교육이 중요하지만 학교 교육에 지장을 줄 정도로 할 필요는 없다고 생각한다. 일단 좋은 대학에 들어가고 좋은 직장을 찾으려고 노력하는 것이 경제적으로 더 풍요로워지는 지름길을 찾는 방법이다.

그리고 자녀에게 올바른 경제교육을 하려면 부모가 먼저 올바른 경제생활을 해야 한다. 부모가 낭비 없이 아끼고 저축하고 미래와 노후를 생각해 돈을 어디에 넣어둘지 어디에 투자할지를 고민하는 모습을 보이는 것 이상의 경제교육은 없다.

4

세금이 내 경제계획에 미치는 영향

국가의 복지 정책이 강화되면 자연히 세금을 더 내게 된다. 세금을 더 내더라도 내가 늙거나 아프거나 실업을 당했을 때 국가가 연금을 주고, 의료비를 보조해주고, 실업수당을 준다면 과세에 대한 반감이 없을 것이다. 하지만 현재 대한민국의 상황을 놓고 그렇게 생각한다면 지나친 낙관이다. 국민의 수명은 점차 늘어만 가니 노인 인구는 늘어나지만, 신생아 출생률은 세계 최저이므로 그리 머지않은 미래에 지금 시행하고 있는 복지 정책을 유지할 수 없게 될 것이다. 따라서 대폭 감축이 이루어질 수밖에 없음이 자명하다.

그렇다고 지금 이 책에서 연금 정책이나 국민건강보험 제도를 고치자고 주장하는 것은 아니다. 다만 한 개인이나 한 가족이 경제계획을 수립하는 데 세금과 국민건강보험료는 지금도 절대로 무시할 수 없는 부분이며, 더구나 앞으로는 정부가 거두어 가는 부분이 훨씬 커지면서 더 큰 부담이 될 가능성이 있다는 점을 염두에 두고 경제생활을 할 필요가 있음을 말하려는 것이다.

만일 세금과 건강보험료를 고려하지 않고 노후 계획을 세운다면 나중에 자기 생각이나 계획과 큰 차이가 생겨날 수 있으므로 아무리 귀찮고 이해하기 어렵더라도 대략적 세금과 건강보험료는 미리 알아보고 생각해놓아야 한다. 물론 현대는 모든 현금 거래와 재산이 투명하게 드러나는 시대이므로 획기적 절세 방안을 찾기는 어렵다. 하지만 내가 이자를 받거나 연금을 받을 때 정부가 세금을 얼마나 떼어 갈지, 건강보험료는 얼마나 내야 할지 정도는 미리 파악해놓아야 한다.

금융상품, 비과세 및 절세 상품에 주목하라

경제학에서는 소득이 아니라 가처분소득이 중요하다. 내가 직장에서 연봉 1억 원을 받는다고 할 때 세금을 한 푼도 안 낸다면 나의 가처분소득은 1억 원이지만, 세금을 20% 내게 된다면 8,000만 원이 되기 때문이다. 우리가 실제로 쓸 수 있는 돈은 세금과 건강보험료 등을 납부하고 남은 가처분소득인 것이다.

노후에 매달 200만 원을 받을 것이라 생각하고 계획을 세웠는데 세금으로 50만 원을 내야 하는 상황이 닥친다면 사실 당신은 200만 원이 아니라 150만 원으로 생활해야 한다. 더구나 아주 젊은 사람의 경우에는 국민연금과 건강보험이 적자 누적으로 파산에 이르는 시기를 경험할 가능성도 높으니, 그에 대한 고려도 필요하다.

한편, 부동산을 매매할 계획이 있다면 각종 세금에 대해 정말로 꼼꼼히 따져봐야 한다. 물론 전문가에게 물어볼 수도 있지만, 자신이 어느 정도는 관련 세금에 대한 지식을 갖추어야 전문가의 이야기를 이해할 수 있으니 미리 공부해야 한다.

앞에서도 언급했듯 나는 정보 취득에 오랜 시간이 요구되는 투자나 경제계획은 세우지 않는다. 직장생활을 잘하는 것이 중요한데 그러려면 그 이외의 정보 수집에 많은 시간을 쏟을 수가 없기 때문이다. 하지만 세금이나 건강보험료의 경우 비교적 짧은 시간을 투자해도 정확한 정보를 얻을 수 있기에 직장생활에 지장을 주지 않는다. 따라서 스스로 공부할 필요가 있다.

그렇다고 해서 내가 특별한 공부 방법을 갖고 있다는 건 아니다. 다만 모든 금융기관에서 정기예금이나 보험에 가입할 때 세금 관계를 반드시 따져볼 필요가 있다. 세금에 대해 조금만 잘 알아보면 일정 수준의 세금을 줄일 방법을 금세 알 수 있다. 물론 절세 액수가 크지는 않지만 그렇다고 무시할 수준도 아닐 가능성이 있으니 중요한 세금 제도, 건강보험 제도 등은 시간을 투자하여 정확히 알아놓는 것이 좋다.

이와 같은 이유로 나는 금융기관에서 비과세 상품이나 절세 관련 상품을 소개받으면 관심을 가지고 살핀다. 비과세 상품은 현재도 매력적이지만 미래를 생각하면 더 그렇다. 내 생각에 앞으로 대한민국의 세금은 더 올랐으면 올랐지 내려가지는 않을 것이므로 할 수 있는 한 빨리, 미리미리 가입해놓는 것이 좋다. 알다시피 소득이 높을수록 건강보험료를 더 많이 낸다. 하지만 비과세 상품의 경우에는 이자나 배당금으로 소득이 발생해도 해당 소득에 대해 소득세를 내지 않을 뿐 아니라 건강보험료 산정 시에도 면제받는 경우가 많아 더 매력적이다.

다만 비과세 상품이나 절세 상품의 경우 세금을 덜 내는 만큼 그 상품을 만든 금융기관들이 수수료 명목으로 가져가는 부분이 있어 아주 큰 이득은 아니므로 수수료와 세금, 건강보험료 감면액을 잘 비교해 가입 여부를 결정해야 한다.

젊은 시기에는 소득이 적기 때문에 세율이 대부분 낮다. 하지만 나이가 들고 지위가 높아지면 소득이 늘어나 세율이 오르는 경우가 생겨난다. '이럴 줄 알았으면 비과세 상품을 몇 년 전에 미리 들어 놓을 것을' 하면서 후회할 수도 있다는 이야기다. 그러므로 내 생각에는 40세 이전에 세금과 건강보험료에도 관심을 가지는 것이 좋다. 그리고 이런 제도는 자주 바뀌기 때문에 1년에 한 번 정도는 변경 사항을 확인해보는 것이 좋다.

정말로 복잡한 세금 문제는 전문가에게 맡겨야 한다. 하지만 전문가라도 나의 모든 재정 상황을 속속들이 알 수는 없고, 또한 그의 의견을 그대로 믿고 따르기만 할 수도 없다. 자기 스스로 일정 부분 세금에 대한 지식을 가지고 전문가의 설명을 듣는 것이 좋다.

상식선에서 정정당당하게 절세 방법 연구하기

세금 중 가장 부담스러운 것이 상속세와 증여세가 아닌가 한다. 여유가 없으면 할 수 없지만 여유가 있다면 자기 재산 중 남는 부분을 자녀에게 주고 싶은 것이 부모 마음이다. 하지만 증여와 상속에는 큰 세금이 부과된다.

이전에는 증여는 별로 관심의 대상이 아니고 상속세가 주요 관심사였다. 부모가 사망 시에 자녀에게 물려주는 유산에 부과되는 것이 상속세인데, 인간의 수명이 짧아 부모가 지금보다 훨씬 일찍 사망하였기 때문이다. 하지만 지금은 많은 부모가 80대 또는 90대까지 생존해 있다. 부모가 90세라면 자녀는 60세 정도가 되는 셈이다. 60세의 자녀가 부모의 임종으로 재산을 물려받게 된다면 자녀 입장에서 그때는 너무 늦은 감이 들 수 있다. 그래서 부모가 살아 있는 동안 자녀에게 재산의 일부를 주는 '증여'가 요즘에는 더 관심을 받는다.

현행 제도는 살아 있는 부모가 10년에 한 번씩 증여세 없이 자녀에게 재산을 증여할 수 있게 되어 있다. 비과세 한도는 성년 자녀 5,000만원, 미성년 자녀 2,000만 원으로, 이 제도를 활용하면 상당 금액을 세금 없이 자녀에게 줄 수 있다. 10년 단위로 증여세가 공제되므로 일찍 증여를 시작할수록 세금 부담 없이 더 많은 돈을 증여할 수 있다. 이미 많은 부모가 알고 있는 사항이지만, 자녀가 어릴 때부터 이런 제도를 활용하는 사람은 많지 않을 수 있다. 부모에게 경제적 여유가 없을 수도 있지만, 혹시 나중에 재산이 늘어나도 증여세나 상속세를 내느라 정작 자녀에게 생각보다 적은 돈을 주게 될 수도 있으니, 증여세와 상속세 관련 정보도 잘 챙겨야 한다.

요즘 경제 신문을 읽어보면 세금 제도에 관한 기사가 자주 올라

온다. 나도 정부의 세금 제도 변화가 국회에서 논의될 때마다 일일이 챙겨보지는 못하므로 경제 신문에 실린 글을 보고 세금 제도나 건강보험 제도가 바뀐 것을 알게 되는 경우가 많다. 그리고 그때마다 인터넷도 찾아보고 관계 부서에 전화나 이메일로 문의하기도 해서 내가 어떤 행동을 취하는 것이 좋은지 한 번씩 생각해본다.

17세기 영국 정부는 더 많은 세금을 거두고자 집의 창문 숫자에 비례하여 세금을 부과하는 새로운 세금 제도를 만들었다고 한다. 그러자 영국 국민은 세금을 적게 내려고 자기 집의 멀쩡한 창문을 대부분 막아버렸다고 한다. 창문의 숫자에 세금을 부과한 영국 정부도 황당하고 이를 피하려고 멀쩡한 창문을 막은 영국 국민도 지나치다는 생각이 들지만 돈 계산에 밝았던 상인의 나라 영국의 국민 역시 세금을 줄이려고 그 나름의 방법을 찾았던 것이다.

정부가 거두는 세금이 커질수록 절세로 인한 효과도 커진다. 물론 세금은 정부가 좋은 곳에 사용하려고 거두는 것이므로 세금을 내는 것은 국민의 의무이자 의미 있는 일이라고 생각한다. 하지만 상식선에서 정당하게 절세 방법을 연구하는 것도 개인 입장에서는 중요한 일이다. 그것은 정정당당한 노력이고 그 노력 여부가 생각보다 큰 경제적 차이를 가져올 수 있음을 반드시 생각해볼 필요가 있다.

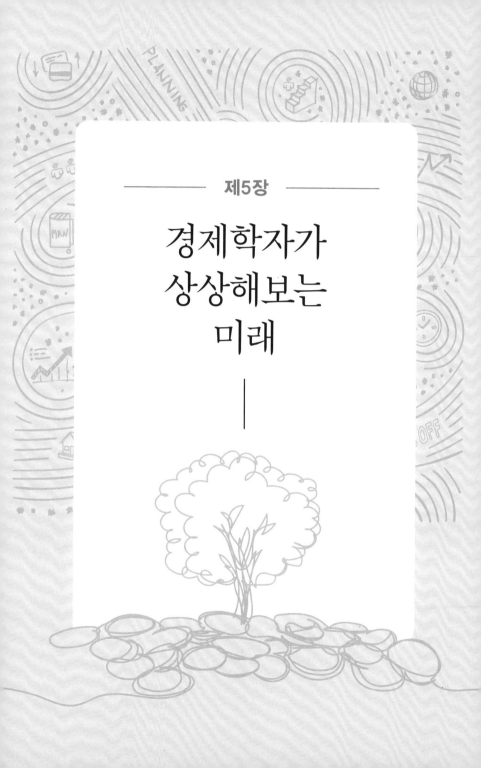

제5장

경제학자가
상상해보는
미래

1

인공지능이 할 수 없는 일은
여전히 있다

미래 사회에서 인간이 할 일이 남아 있을까? 우리 사회가 앞으로 어떻게 변화하느냐는 당장 오늘 우리가 먹고사는 일에는 영향을 주지 않을 수 있다. 하지만 앞으로 남은 인생이 짧게는 30년, 길게는 50년 이상인 독자들에게는 미래의 인간 사회가 어떻게 바뀌느냐가 경제계획을 세우는 데 중요한 참고 사항이 될 테니 함께 생각해보면 좋겠다.

우선, 각종 기계의 발전이 산업혁명 이후 가속화되어 이제는 컴퓨터에 이어 인공지능까지 등장했다. 인간의 능력을 넘어서는 기계들이 나오고 있다는 이야기다. 이미 많은 분야에서 기계는 인간보다 훨씬 빠르고 정확하게 일을 해낸다. 더욱이 이런 변화가 정말로 순식간에 일어났다.

30년 만에 완전히 뒤바뀐 세상

내가 대학생이던 시절에는 대학에 컴퓨터가 없었다. 이메일이라는 것도 없었으며, 스마트폰은 고사하고 휴대전화도 없었다. 아니 휴대전화가 있기는 했는데 소위 '갑부'라 불리는 부자들이나 쓰는 것이었다. 각종 숙제는 당연히 손으로 종이에 써서 제출했다. 인터넷이 없었으니 영화를 보려면 영화관에 가거나, 비디오 대여점에서 빌려서 봤다.

불과 30년 정도가 지났는데 그사이 컴퓨터, 인터넷, 스마트폰이 등장하였고, 그 외에도 우리 사회는 엄청난 변화를 겪었다. 30년 전의 나도 이런 미래가 올 줄 몰랐는데 앞으로 30년이 지나면 정말 우리가 생각지 못했던 또 다른 세상이 펼쳐지지 않을까.

1960년대에는 한국인 중 1차 산업 종사자의 비율이 대략 67%였다. 한마디로 대다수 국민이 농사를 짓고 살았다는 이야기다. 공장도 거의 없었다. 그런데 2020년에는 1차 산업 종사자 비율이 불과 0.3%로 1%에도 미치지 못한다. 제조업에서 근무하는 2차 산업 종사자 비율은 1960년 9%에서 2000년 30%로 크게 늘어났다. 이후 2020년에는 27%로 다소 줄었으며 앞으로는 더욱 줄어들 것이다. 그렇다면 대한민국 국민들은 과연 어떤 일에 가장 많이 종사하고 있을까? 2020년 현재 73%의 국민들이 3차 산업, 즉 서비스업에 종사하고 있다.

지난 60년간 대한민국의 국민들은 1차 산업과 2차 산업에서 점점 3차 산업으로 이동해왔다. 3차 산업인 서비스 산업의 특징은 손에 잡히는 물리적 상품을 생산하는 것이 아니라는 점이다. 1차

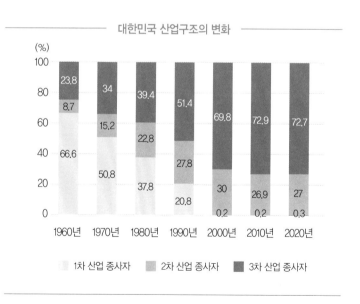

대한민국 산업구조의 변화

자료: 경제기획원; 통계청

산업에서는 농부가 농작물을 기르고 어부가 생선을 잡으며, 2차 산업에서는 자동차·선박·반도체·스마트폰 등을 생산한다. 하지만 3차 산업은 이발을 해주거나, 은행의 예금이나 대출 업무를 해주거나, 청소를 해주거나, 병자를 돌보거나, 학교에서 학생을 가르치는 것처럼 무형의 서비스를 제공하는 산업이다.

이렇게 사람들이 3차 산업으로 몰리는 이유는 간단하다. 전에는 농부가 일일이 손으로 여름에 잡초를 뽑고 가을에 벼를 수확했지만, 지금은 농약을 뿌려 잡초를 없애고 수확은 트랙터가 하므로 이전처럼 많은 인력이 필요하지 않아서다. 2차 산업도 마찬가지다. 전에는 자동차를 생산할 때 나사도 사람들이 드라이버로 돌려서 조이고 도색 작업도 펌프를 뿜어서 사람들이 정성껏 페인트칠을 했지만 이제는 로봇이 나사를 조이고 도색 작업도 척척 해내는 시대가 되었다. 빵을 만들 때 밀가루 반죽도 사람이 아닌 기계가 하며, 만두소로 쓸 고기를 가는 일도 기계가 대신한다. 당연히 이전에 비해 인간의 역할이 줄어들어 인력이 덜 필요하다.

그에 비해 서비스업은 아직 기계가 인간을 완전히 따라잡지 못하고 있다. 30년 전 내가 대학생일 때 교수를 직업으로 삼기로 마음먹는 데 참고가 되었던 영문 칼럼이 있다. 프린스턴 대학 경제학과의 저명한 교수인 앨런 블라인더(Alan Blinder)가 쓴 글이었던 것으로 기억하는데, 대략 이런 내용이었다.

300년 전에는 직공 한 명이 신발 한 켤레를 만들려면 며칠이 걸렸는데, 지금 신발 공장에 가보면 직원 한 명이 기계 여러 대를 감독하는 중에 기계에서 운동화가 척척 만들어져 나온다는 것이다. 산업혁명을 통한 제조업의 생산성 향상이 실로 엄청나다는 이야기였다. 그런데 대학 사회는 다르다고 앨런 교수는 말하고 있었다. 즉, 300년 전의 대학에 가본다면 교수 한 명이 학생 30여 명을 앞에 두고 강의하는 모습을 볼 수 있을 텐데, 현재의 대학 강의실에서도 비슷한 모습을 볼 수 있으니 생산성 향상이 거의 없다는 것이다.

요컨대 기계를 이용한 생산성 향상이 빠르고 대폭적인 제조업에서는 인간이 점점 일자리를 잃겠지만, 교수의 강의와 같이 인간이 인간을 대하는 서비스업은 기계가 침투하기 어렵기 때문에 인간이 일자리를 빼앗기지 않을 것이라는 의미였다. 이 글을 읽고 나는 무릎을 탁 쳤다. 기계에 일자리를 빼앗기지 않으려면 교수가 되는 것이 좋겠다는 생각이 들었다.

그래서 교수가 된 나는 요즘 불안에 떨고 있다. 비대면 온라인 강의 때문이다. 2019년까지 나는 연간 500명 정도의 학생들을 가르쳤다. 학기당 두세 개의 수업을 하는데 강의실 중 가장 큰 곳이 100명을 수용하기 때문에 연간 평균 다섯 개 강의를 하면 500명을 가르칠 수 있다. 내 강의를 들으려는 학생들은 훨씬 더 많지만,

강의실 크기 때문에 더 수용할 수가 없었다.

그런데 코로나19 팬데믹이 시작된 이후에는 대학이 비대면 온라인 강의를 적극 권장하였다. 비대면 온라인 강의의 특징은 강의실이 필요 없다는 점이다. 그래서 수백 명의 학생을 한꺼번에 동시에 가르칠 수 있다. 하지만 나는 채점 등의 부담을 고려해서 한 강의에 300명 정도만 받았다. 결과적으로 연간 1,100명이 넘는 학생들을 가르쳤다.

사실 채점이 힘들다는 문제만 아니면 연간 2,000명도 가르칠 수 있겠다는 생각이 든다. 온라인으로 수업하면 100명을 가르치나 1만 명을 가르치나 답안지 채점 이외에는 들이는 노력에 큰 차이가 없다. 그런데 이것이 왜 문제냐 하면, 대면 강의를 할 때는 강의가 10개 필요하던 것이 이제 비대면 온라인 강의를 하게 되자 필요한 개설 강의가 다섯 개 이하로 줄어든다는 것이다. 즉, 대학의 교수와 강사의 숫자가 절반으로 줄어들 수 있다는 의미이다.

물론 나는 한국 내에서는 교수로서 살아남을 확률이 높다. 하지만 앞으로 한국의 대학총장들이 어째서 우리 대학 강의를 한국에 있는 교수가 해야 하느냐고 의문을 품는다면 나는 큰 곤경에 처할 수 있다. 미국 하버드대학교에는 노벨 경제학상을 받은 내 지도교수님들이 계신다. 그분들이 온라인 강의를 한다면? 그래서 한국의 대학에서도 그분들의 강의를 들을 수 있게 된다면? 한국에서는 꽤나 인기 있는 교수라며 우쭐대던 나도 실업자가 될 게 뻔하다. 내가 생각해도 내 강의가 노벨 경제학상 수상자인 내 지도교수님들의 강의보다 나을 리 없기 때문이다.

아마 미래에는 홀로그램과 동시통역기를 겸비한 비대면 온라인 강의도 나올 것이다. 그러면 대한민국 대학생들은 집에서 홀로그램 기술을 통해 전 세계 저명한 교수들이 바로 자기 앞에서 강의하고 있는 것과 다름없는 수업을 들을 수 있을 터이다. 그날이 오면 나같이 그저 그런 교수들은 다른 일자리를 찾아보아야 할지 모른다. 언어도 더 이상 장벽이 되지 않을 것이다. 동시통역기가 어떤 언어든 교수님들의 강의를 한국어로 들려줄 것이며, 학생들이 한국어로 질문하면 역시 동시통역기가 교수님께 곧바로 전달해줄 터이다. 한국의 평범한 교수인 내가 실업자가 되는 건 시간 문제 아닐까? 그리고 이런 걱정이 비단 교수가 직업인 나만의 것일까?

기계를 이기는 사람이 되는 방법

기계에 맞서 인간이 우위를 보이던 서비스 산업에서도 인터넷, 컴퓨터, 인공지능이 결합한 과학기술의 발전에 따라 점차 인간의 일자리가 줄고 있다. 앞서 교수와 강의의 예에서 보았듯 지리적 장벽과 언어적 장벽 등에 가로막혔던 서비스 산업이 기술 발달로 상황 변화를 맞은 것이다. 즉, 세계에서 경제학 강의를 가장 잘하는 한 사람의 교수가 전 세계 모든 대학생에게 강의를 할 수 있는 세상이 될 수도 있다.

그나마 나는 정년퇴직이 얼마 남지 않았으니 어떻게든 버텨본다 해도 젊은 교수들은 미래에 어떤 처지를 맞게 될지 걱정이 앞선다. 기계가 침범할 수 없는 인간의 마지막 보루였던 3차 서비스 산업까지 인공지능을 앞세운 기계가 침공을 시작한 현실에서 불안감을 느끼지 않을 수 없기 때문이다. 서비스 산업에서 밀리면 인간은 더 이상 후퇴할 곳이 없는 절벽에 다다르는 것 아닌가.

그런데 기계가 이미 오래전부터 인간을 대체해온 2차 산업에서 그런 기계를 이기고 여전히 자기 자리에서 당당하게 일을 계속하는 사람이 있어 소개하려 한다. 바로 '동성봉투'라는 회사의 사장님이다. 동성봉투 사장님을 내가 직접 만난 적이 있는 것은 아니다. 텔레비전 방송과 뉴스로 알게 되었는데, 보자마자 바로 이것이야말로 인간이 인공지능과 기계를 이기는 방법임을 깨달을 수 있었다. 그러면 이제 동성봉투 사장님의 비법이 무엇인지 알아보자.

동성봉투는 당연히 봉투를 만드는 회사이다. 동성봉투 사장님은 일일이 종이에 풀을 바르고 손으로 접어 종이봉투를 만든다. 봉투를 디자인하고 겉에 기업의 이름을 인쇄하고 봉투의 모양대로 종이를 자르는 일은 다른 업체에서 한다. 다만 그렇게 인쇄도 끝나고 봉투 모양으로 절단도 끝난 종이를 가져와서 설계대로 접은 후 필요한 곳에 풀을 발라 봉투를 만드는 작업을 하는 곳이 바로 동성봉투라는 회사다. 예전에는 청계천 인근에 이런 봉투 붙이는 작은 회사가 수십 개 있었다고 한다. 서울 및 수도권 지역에서 쓰이는 종이봉투를 모두 손으로 직접 접어 붙이던 시절에는 그만큼 인력도 많이 필요했다.

그렇지만 지금은 봉투를 접어 붙이는 기계가 개발되어 인간보다 훨씬 빨리 작업을 해낸다. 아무리 이 기술에 숙달된 사람이 기계 같은 속도로 봉투를 접고 붙인다 해도 사람은 밥도 먹고 화장실도 가야 하며, 가끔은 병이 나서 아프기도 하니 기계를 이기기는 어려운 것이다. 그래서 수십 개에 달하던 봉투 접는 회사가 모두 문을 닫고 이제는 두세 곳만 남았는데 그중 하나가 바로 동성봉투라고 한다.

그렇다면 다른 회사는 모두 문을 닫았는데 동성봉투는 어떻게 살아남을 수 있었을까? 동성봉투가 '회사'라고는 하지만 작은 작업실에서 여성 사장님 혼자 일을 하고 있다. 바로 이 사장님이 동성봉투의 유일한 직원이자 "기계를 이긴" 사람이다. 그리고 이 사장님이 살아남은 비법은 다음과 같다.

첫째, 소량 생산이다. 사람들이 많이 사용하는 가장 일반적인 형태의 편지 봉투는 하루에 수만 개가 생산될 것이다. 이런 봉투를 접는 작업은 기계가 하는 것이 좋다. 기계 한두 대가 다른 일은 하지 않고 가장 널리 쓰이는 형태의 봉투를 접기만 하면 되니까 말이다. 하지만 봉투 중에는 연세대학교 경제학과 봉투도 있다. 연간 200개 정도를 쓸까 말까다. 그런데 연세대학교 경제학과 봉투의 형태가 일반 봉투와 똑같다면 문제가 없는데 일반적으로 많이 사용하는 봉투에 비해 조금 더 크고 형태도 특이하다고 해보자. 대한민국에는 수많은 기관이 있는데, 그중에는 고유하고 특징 있는 봉투를 쓰는 곳이 몇 군데 있을 것이다. 또한 크리스마스카드라고 하더라도 사람들은 평범한 카드가 아닌, 조금 크거나 작다든지, 특이하게 생긴 카드를 가족과 친구에게 보내고 싶을 수 있다. 그에 따라 특이한 봉투가 필요하게 된다.

이런 특이한 봉투들은 수만 개가 필요하지 않다. 대부분 소량 생산으로, 기껏해야 수백 개 정도면 된다. 그런데 수백 개 봉투를 접기 위해 별도의 맞춤 기계를 만들거나 설치한다면, 기업 입장에선 수지 타산이 맞지 않는다. 기계 가격이 수백만 원 또는 수천만 원은 할 터인데, 매년 수백 개의 봉투만 붙이고 남은 기간 기계를 놀린다면 이는 엄청난 손해니까 말이다.

결국 이처럼 특이한 형태로 소규모 주문이 들어오는 봉투는 수작업으로 만들 수밖에 없다. 기계와 달리 사람은 작은 봉투를 200개 접고 나서 바로 특이하게 생긴 큰 봉투를 곧 300개 접는 것이 가능하다. 하루에 스무 가지 형태의 봉투를 모두 접을 수 있는 것이 사람의 능력이다. 동성봉투 사장님은 이렇게 다양한 형태의 조금 특이한 봉투들을 접고 붙이고 하는 일을 매우 잘한다. 기계는 결코 해내지 못하는 작업이다.

둘째, 동성봉투 사장님은 저렴한 가격으로 이 일을 한다. 아무리 특별한 소량 생산 주문이라 하더라도 동성봉투 사장님이 봉투 100장을 접는 데 100만 원을 달라고 한다면, 수요자는 동성봉투사에 일을 주기보다는 차라리 비싼 기계에 투자하는 쪽을 선택할 것이다. 하지만 봉투 접는 것에 숙달되었으며 작은 공간에서 직원도 없이 근무하는 동성봉투 사장님은 봉투 하나 만들어주는 데 10원 미만을 받는다. 기계보다 사람이 더 저렴한 비용으로 일을 해주는 것이다.

사람들은 미래에는 많이 배우고 기술이 뛰어난 천재 같은 극소수의 사람들만이 일자리를 가질 것이라고 생각한다. 일은 모두 인공지능과 기계가 하고, 그 인공지능이 장착된 기계를 설계하고 유지 보수를 할 수 있는 능력을 갖춘 사람들만 직장에서 근무할 것이라는 예상이다. 하지만 꼭 그렇지는 않다. 이런 기계를 이용할지 말지를 결정하는 사람은 결국 돈을 많이 벌고 싶은 기업의 주인이다. 이들이 기계에 관심을 두는 것은 사람을 고용하는 것보다 기계를 이용하는 것이 생산비 측면에서 더 저렴하기 때문이다. 그런데 만일 어떤 작업을 사람이 기계보다 더 저렴한 가격에 해준다면 기업은 당연히 그 일을 사람에게 맡길 것이다.

반대로 아주 고급 지식과 기술을 가진 사람이라 해도 너무 높은 연봉을 요구하면 기계에 밀릴 수 있다. 어떤 기업에 회계사가 10명 근무하는데 그들의 연봉이 3억 원이라고 해보자. 해당 기업은 매년 30억 원을 회계사들에게 지출하는 것이다. 그런데 만일 누군가가 회계사의 숫자를 절반으로 줄일 수 있는 회계 도우미 인공지능 프로그램을 개발했고 그 가격이 30억 원이라면 어떨까? 이 기업의 주인은 곧바로 그 기계를 사들이고 10명의 회계사 중 다섯 명을 해고할 것이다. 다섯 명의 회계사를 해고하면 매년 15억 원이 절감될 테니 30억 원 가격의 인공지능 기계를 구입해도 2년이면 그 가격을 모두 회수할 것이고 3년 차부터는 15억 원을 도리어 아낄 수 있다.

다시 교수 사회 이야기로 돌아와보자. 전 세계의 노벨 경제학상 수상자들이 모든 대학의 경제학 강의를 비대면 온라인으로 하게 되면 국내의 그저 그런 경제학자인 한순구는 살아남을 수 있을까? 동성봉투 사장님이 쓴 방법을 응용하면 가능하다.

아무리 세계적인 경제학자라고 해도 한국의 농업 상황이나 한국의 교육제도 또는 한국의 철강산업에 대해서는 자세히 알지 못할 수 있다. 즉, 미시경제학 강의를 한 학기 동안 한다고 할 때 3시간 정도는 한국의 현황과 관련된 미시경제학 강의를 해야 하는데, 노벨 경제학상을 수상한 프랑스의 교수는 한국의 경제에 대해 잘 모를 테니 이 3시간 강의를 해줄 한국인 교수가 필요할 것이다. 또 국제경제를 강의하면서 한국이 남미의 국가들과 체결한 자유무역협정을 설명해야 하는데 미국의 경제학자는 미국과 무관한 이런 협정에 관해서는 잘 모를 수 있다. 그러니 한순구 교수에게 2시간만 한국이 체결한 자유무역협정에 대해 특강을 해달라고 의뢰할 수 있는 것이다. 바로 이런 게 특별한 소량 생산의 경우다. 미국인 노벨 경제학상 수상자가 예로 든 캘리포니아의 전력산업에 대해 한국 학생들이 이해하지 못할 때는 한순구 교수가 이를 한국전력의 사례로 바꾸어 보충수업을 해줄 수도 있다.

즉, 만일 한순구 교수가 자신의 전공인 미시경제학과 게임이론만 가르치겠다고 하면 당장 해고되겠지만, 언제라도 필요하면 거시경제, 국제경제, 재정학, 산업경제 분야도 가르칠 수 있는 능력을 배양해 필요할 때 갑자기 투입되어 자투리 강의를 할 각오가 되어 있다면 한국의 대학 총장들은 한순구 교수를 귀하게 여기고 계속 고용할 것이라는 의미다.

아주 먼 훗날 인공지능이 어디까지 진화할지는 모르겠다. 하지만 나는 인간을 완전히 대체할 수 있는 수준의 인공지능과 기계가 등장하지는 않으리라 생각한다. 여전히 기계와 인공지능은 대량 생산에 적합하고, 반면에 인간은 인공지능과 기계에 비하면 다양한 작업을 동시에 할 수 있는 능력이 뛰어나다. 물론 인공지능과 기계의 발전이 엄청난 속도로 이루어지면 더 다양한 작업을 해내게 될지도 모른다. 하지만 그 다양한 작업을 할 수 있는 인공지능과 기계의 가격은 단순히 한 가지 작업만 하는 경우에 비해 매우 비쌀 것이다. 그런데 한순구 교수와 같은 인간은 다양한 작업을 한다고 해서 특별히 비용이 커질 이유가 없다. 그래서 인간의 노동력이 더 싸다는 장점이 작용하는 한 앞으로 오랫동안 다양한 형태의 소량 생산 업무가 필요한 분야에서는 인간이 기계를 이길 것이라고 생각한다.

한 분야의 전문성만을 가지고 경쟁하면 인공지능과 기계를 이기기 힘들다. 하지만 인간은 기계보다 다재다능하다는 점을 활용해 상대적으로 저렴한 가격으로 여러 상이한 작업을 소량으로 해내는 능력을 갖춘다면 인공지능과 기계를 이기고 여전히 일을 계속할 수 있을 것이다.

아주 먼 훗날

인공지능이 어디까지 진화할지는 모르겠다.

하지만 여전히 기계와 인공지능은 대량생산에 적합하고,

인간은 다양한 작업을 동시에

할 수 있는 능력이 뛰어나다.

기계는 결국 인간의 일자리를 빼앗지 못했다

산업혁명 초기 '러다이트 운동'이 있었다. 기계가 도입되면 인간이 일자리를 잃게 된다는 공포심에서 노동자들이 기계를 부수며 저항한 운동이다. 당시 노동자들의 공포를 충분히 이해할 수 있다. 예를 들어, 할아버지 때부터 대를 이어서 마차를 몰던 사람은 자동차가 발명되면 갑자기 할 일을 잃게 되는 상황이었으니 말이다. 당장 먹고살 일이 막막했으리라. 하지만 만약 러다이트 운동이 성공했다면 어땠을까? 그랬으면 큰일 날 뻔했다는 데 동의하지 않는 사람은 거의 없을 것이다. 내일 지하철이나 버스 대신 마차를 타고 등교하고 싶은 사람은 없을 테니 말이다. 결국 러다이트 운동의 교훈은 신기술 도입으로 기존의 모든 일자리가 없어지고 대부분의 사람이 실업자가 되리라 예상되더라도 실제로는 전혀 그렇지 않다는 점이다.

산업혁명으로 인해 맨손으로 일하던 인간이 기계를 이용해 일을 하게 되자 생산력이 훨씬 높아졌다. 두 명이 하던 일을 이제 한 명이 하게 되었다. 하지만 그렇다고 해서 노동자의 절반이 실업자가 되지는 않았는데 그 이유는 첫째, 생산력이 늘어 물자가 풍부해지자 소비자들이 더 많은 물건을 소비하게 되었기 때문이다. 이전에는 마차를 탈 수 있는 부유한 사람들이 얼마 되지 않았지만,

자동차가 싼 가격에 보급되자 지금은 많은 가정이 자가용을 소유하고 있는 것처럼 말이다. 마차를 만드는 데 10명이 일하던 것을 이제는 자동차를 만드는 데 다섯 명이 일하면 되지만 그 대신 마차보다 자동차가 세 배 더 팔린다면 일자리는 늘어나고 실업자는 줄어들 것이다.

둘째 이유는 생산성이 늘어나 노동시간이 줄었는데 그렇다고 임금이 줄지는 않았다는 것이다. 이전에는 매일 12시간씩 10명이 맨손으로 일하던 것을 이제는 기계를 이용해 여섯 명이 일하면 된다고 하자. 이때 네 명을 내보내는 대신 근무시간을 여덟 시간으로 줄였다는 뜻이다. 생산성이 올랐기에 하루 종일 일하지 않아도 노동자의 임금이 올라 생계에 문제가 없어졌다. 그래서 10명이 여섯 명으로 줄지 않고 여전히 여덟 명이나 아홉 명 정도가 일하게 되었다는 의미이다.

이런 시각에서 보자면 지금까지 기계가 인간의 일자리를 빼앗지는 않았다. 오히려 산업혁명 이후 인간의 일자리는 늘어났다. 물론 그렇게 일자리 수는 유지되거나 늘어났으나, 없어지는 일자리와 새로 생기는 일자리는 분명히 존재했다. 즉, 마차를 몰던 마부가 계속 마차를 몰겠다고 고집한다면 실업자가 되는 수밖에 없다. 하루라도 빨리 자동차 운전을 배워 택시 운전사로 변신하려는 노력이 필요하다.

이는 미래에도 마찬가지라고 생각한다. 인공지능의 발달로 인해 앞으로 없어지는 직업이 분명 있을 것이다. 반면, 새로 등장하는 직업도 있다. 새로 등장하는 직업이 반드시 최고의 지식과 기술을 요구하는 것도 아니다. 빅데이터와 플랫폼을 이용한 배달 앱이 발달함에 따라 상당수 사람이 오토바이나 자전거로 가능한 배달업에 종사하게 되지 않았는가. 불과 몇 년 전만 해도 생각하지 못한 변화다. 오토바이나 자전거를 탈 수 있기만 하면 고도의 지식이나 경험이 없더라도 배달업에 당장 뛰어드는 것이 가능하다. 언젠가는 인공지능을 탑재한 배달 로봇이 만들어질 수도 있겠지만, 당분간은 인간이 배달하는 것이 로봇에 비해 정확하고 비용도 저렴하기에 인간이 우위에 있다.

경제학의 경험에 따르면, 기술의 급격한 발전으로 사회가 급변하고 생산의 형태가 바뀔 때 이런 변화에 러다이트 운동처럼 반항할 필요는 없다. 오히려 이런 변화를 빨리 읽어내 새로운 직업으로 바꾸려는 시도가 필요하다. 규격화된 작업을 능숙하게 해내는 면에서는 인간이 기계를 이기기 어려우니 동성봉투 사장님 이야기처럼 인간의 장점을 살려 다양한 작업을 빠른 시간 내에 해내는 능력을 키우는 방향으로 나아가야 한다.

이를 자동차 공장에 적용해보자면, 이를테면 "나는 국내 최고의 도색 전문가라 다른 일은 하지 않는다."라고 한다면 그건 어리석다는 말이다. 도색 전문가이지만, 나사를 조이고 자동차를 조립하는 기술이나 전기 배선 설치 방법도 틈틈이 익히는 식으로 여러 작업을 모두 할 수 있는 전천후 인재가 되어야 앞으로 인공지능을 이용한 자동화 기계가 도입되더라도 회사가 필요로 하는 존재가 될 것이라는 의미다. 이 정도의 변신을 할 준비가 되어 있다면 인공지능을 두려워할 이유는 없다고 판단된다.

화이트칼라와 블루칼라의 특징을 모두 갖춰야

챗GPT의 등장은 인공지능이 가져올 미래를 더욱 실감하게 하는 계기가 되었다. 인간이 썼다 해도 믿을 만큼 매끄럽고 수준 있는 글을 작성하는 인공지능이 이렇게 빨리 나올 줄은 나도 전혀 예상하지 못했다. 물론 현재 챗GPT의 수준은 전문가가 작성한 글에는 아직 미치지 못하고 기존의 글을 잘 모아 엮은 수준이지만, 전문적이면서 창의적인 글을 쓰게 될 날도 멀지 않았다는 생각이 든다. 사실 챗GPT가 등장하기 전에도 인공지능이 그린 그림으로 미술대회에서 상을 탔다는 뉴스 보도가 있었는데, 과연 인공지능의 발전이 어디까지 나아갈지 궁금하다.

하지만 챗GPT와 같은 인공지능의 발전에 인류가 깜짝 놀란 것은 아마도 인간이 그동안 자기 두뇌가 너무도 우수하고 오묘하여 절대 모방할 수 없다고 생각해왔기 때문은 아닐까? 인간의 두뇌는 무한한 잠재력이 있으며 대단히 복잡한 구조를 갖고 있기에 그 어떤 과학자도 완벽히 규명할 수 없다고 여겨온 게 사실이다. 그러나 챗GPT 같은 인공지능이 등장하자 이러한 믿음에 의문을 품기 시작한 게 아닌가 하는 말이다.

최근에 재미있는 글을 신문에서 읽었다. 로봇 과학자인 MIT 김상배 교수와의 인터뷰 기사였다.[*] 이 기사에서 김상배 교수는 "인공지능(AI)이 바둑에서 이세돌 9단을 이겨도 빵에 잼을 바르는 행동을 가르치지 못한다."라고 말한다. 잼 바르는 행동을 컴퓨터에 정량적 수치로 알려주는 것은 아주 어려운 일이기 때문이다. 이는 인간의 신체에서 기계나 컴퓨터가 모방하기 어려운 기관은 두뇌가 아니라 손이라는 의미다.

처음에는 이 말이 이해가 가지 않았다. 왜냐하면 예전에 공장에서 인간이 손으로 하던 많은 작업이 지금은 기계로 대체되었고, 이는 기계가 이미 인간의 손을 모방하고 뛰어넘었다는 뜻이라고 생각했기 때문이다. 하지만 곰곰 생각해보니 일리가 있었다. 책

---

[*] 이영완 (2023. 1. 25). "[이영완의 디알로고] '로봇, 공중제비보다 잼 바르기가 더 어렵다'". 《조선일보》.

상 위의 콩을 집어 올리는 일을 인간의 손보다 잘하는 기계는 물론 있을 수 있다. 벽에 페인트를 깨끗이 칠하거나 식빵에다 잼을 골고루 바르는 기계도 있을지 모른다. 하지만 책상 위의 콩을 집으면서 페인트도 칠하고 식빵에 잼도 발라주는 기계는 아직 없으며, 앞으로도 오랫동안 없을 것이 분명하다. 하지만 인간은 책상 위의 콩도 집고 페인트도 칠하고 식빵에 잼도 발라줄 수 있지 않은가.

이는 앞서 내가 미래에는 한 분야의 전문가가 아니라 다양한 분야를 골고루 해낼 줄 아는 인간일수록 유리하다고 말한 것과 일맥상통하는 이야기다. 즉, 머리만 쓰면 되는 일자리는 앞으로 챗GPT 같은 인공지능에 빼앗길 소지가 크다고 본다. 반면, 머리와 손을 같이 써서 다양한 업무를 동시에 처리하는 작업은 인공지능이 따라잡기 어렵지 않을까? 화이트칼라와 블루칼라의 특징을 모두 갖춘 사람만이 미래에도 경쟁력을 지닐 수 있을 것이다.

2

수용과 선점:
변화를 내 편으로 만드는 두 가지 방법

프랑스혁명을 시작으로 민주주의 사상이 사회에 자리를 잡게되는 배후에 소총이라는 새로운 무기의 발명과 산업혁명이라는 혁신적인 생산 기법의 발전이 있었다는 주장에 나는 동의한다.

한 나라를 다스리는 정치가에게 중요한 것은 무엇일까? 첫째가 군사력이고 둘째가 경제력이라고 생각한다. 군사력과 경제력에 아무 문제가 없다면 현재 나라를 통치하는 정치가는 자신의 자리를 위협받을 염려 없이 권력을 누릴 수 있을 것이다. 반대로, 전쟁을 하는 족족 패배하거나 국민의 먹고사는 문제가 해결되지 않는다면 그 어떤 정치가도 자신의 정치생명이 얼마 남지 않았음을 직감하리라.

결국 한 국가를 통치하는 정치인이 자신의 권력을 계속 유지하려면, 전쟁의 승패를 좌우하는 집단과 경제적 생산을 좌우하는 집단을 가장 신경 쓸 수밖에 없다. 일반 국민보다 전투력과 경제력에 핵심이 되는 그 집단이 훨씬 중요하기 때문이다.

민주주의를 낳은 두 요인, 무기의 발명과 산업혁명

프랑스혁명 이전의 중세사회에서는 갑옷 입고 말을 타고 전투에 나서는 기사 계급이 통치자인 왕에게 매우 중요한 존재였다. 이런 기사 계급은 어린 시절부터 오로지 갑옷 입고 말 타고 각종 무기를 다루는 전투 연습만 해왔을 것이고, 그것이 곧 직업이었던 이들이다. 이런 기사 계급과 어떤 힘센 농부가 전투에서 대결한다고 해보자. 결과는 불 보듯 뻔하다.

농부가 들고 있던 곡괭이로 아무리 내리쳐도 기사의 갑옷은 이를 다 막아낼 것이다. 아니 그 전에 기사가 먼저 긴 창이나 활로 농부를 공격할 수 있다. 그러면 농부도 긴 창으로 찌르거나 활을 쓰면 되지 않을까? 우선, 이런 창과 활도 갑옷이 막아줄 것이다. 농부는 무엇보다 긴 창이나 활을 사용할 줄을 모른다. 이런 무기를 제대로 사용하려면 수년간의 훈련이 필요하기 때문이다.

예를 들어, 지금 누가 내게 활과 화살을 준다고 해서 과연 내가 20미터 앞에 있는 사람을 쏴서 죽일 수 있을까? 내가 난생처음 활을 쏘는 것이라면 20미터 앞의 사람을 화살로 쏴서 죽일 가능성은 거의 없다. 아마 활시위를 당기기도 전에 그 사람이 재빨리 달려와 나를 칼로 찌를지 모른다. 이렇게 과거의 무기들은 다루기가 힘들어 오랜 훈련이 필요했다.

결국 중세의 왕에게는 농민 수십 명보다 기사 한 명이 더 중요했을 것이다. 전쟁이 나면 농민은 쓸모가 없다. 그래서 전투 전문가인 기사들에게 귀족 계급을 부여하고 특별대우를 해주었다.

그러던 중 소총이 발명된다. 논산 훈련소를 다녀온 독자라면 잘 알겠지만, 총을 받아 한두 번 쏴보고 나면 그다음에 바로 20미터 정도 거리에 떨어져 있는 적을 죽일 수 있다. 활을 쏘아 적을 죽이려면 몇 년간의 훈련이 필요하지만 총을 쏘아 적을 죽이는 방법은 하루 이틀이면 배울 수 있다는 이야기다.

실제로 소총이라는 무기의 발명이 정치에 큰 영향을 미쳤다. 오늘 아침 소총을 받은 농민이 20년간 무술을 연마한 기사를 오후에 소총으로 쏴 죽일 수 있는 세상이 되었기 때문이다. 농민이 기사를 총으로 쏴서 죽일 수 있게 되니 이제 농민은 기사와 마찬가지로 중요한 존재가 되었다. 기사를 귀족으로 특별대우를 해주어 농민들이 불만을 품고 전쟁에 참여하지 않거나, 참여하더라도 열심히 전투에 임하지 않으면 그 국가는 패할 수밖에 없기 때문이다.

나폴레옹 군대가 유럽을 제패한 데는 바로 이런 배경이 작용한다. 즉, '일반 국민이 국가의 주인'이라는 민주주의 원칙을 내건 프랑스혁명 이후 프랑스 국민은 스스로 총을 들고 전선에 나갔다. 왕과 귀족에게 억지로 이끌려 나온 다른 나라 군대들이, 조국을 지키고자 자발적으로 전투에 참여한 프랑스 국민에게 패배한 것은 어찌 보면 당연한 일이다.

경제 생산 측면에서도 비슷한 일이 일어났다. 산업혁명 이전에는 오랜 도제 생활을 거치면서 수공업 기술을 습득한 기술자들만이 각종 생활용품을 생산할 수 있었다. 예를 들어, 가정에서 사용하는 온갖 접시나 찻잔을 만들려면 도자기를 빚고 굽는 능력을 지닌 기술자가 필요했고, 이런 기술을 습득하려면 수년간 고생하며 도제 생활을 해야 했다.

그러나 산업혁명 이후에는 기계를 이용해 접시나 찻잔을 대량으로 생산할 수 있게 되었고, 그래서 뛰어난 수공업 기술을 가진 도자기 장인보다는 알아서 돌아가는 기계를 잘 지키고 서 있다가 생산된 도자기를 포장하는 일을 하는 일반 직공이 더 많이 필요했다. 이제 소수의 기술자가 아닌, 단 며칠만 교육받고 기계를 다룰

줄만 알게 되면 누구나 공업 생산을 할 수 있는 시대가 온 것이다.

일반 시민들의 참여가 국가의 경쟁력을 결정하는 시기가 오자 이들의 자발적 참여를 이끌어내는 정치 제도를 도입한 국가들이 강대국이 될 수 있었다. 다시 말해, 민주주의는 일반인의 전투력과 생산성이 전문가와 같아지는 시점에서 시작된 정치 시스템인 것이다. 하지만 역설적으로, 이런 역사적 교훈은 향후 인간 사회가 다시 중세처럼 신분 사회로 돌아갈 수도 있음을 보여준다. 이제 다시 평범한 시민의 중요성이 줄어들 가능성이 있기 때문이다.

예를 들면, 우선 전쟁에서 소총을 든 군인 대신 로봇 경비견이 전투를 하고 인간이 조종하는 전투기 대신 무인 드론이 적진을 폭격하는 상황이 곧 실현될 것으로 보인다. 영화 〈어벤져스〉에서 전투 능력을 가진 사람은 아이언맨, 헐크, 토르 등 특수 능력을 가진 슈퍼히어로뿐이다. 군인이나 경찰이라 하더라도 그저 슈퍼히어로의 도움과 구원을 받아야 하는 존재일 뿐이다. 당연히 그들은 승리에 큰 역할을 하지 못하며, 심지어 전투에 방해가 된다. 차라리 없는 것이 나은 존재들이다.

어쩌면 미래의 전쟁도 이런 양상일 수 있다. 일반인들은 아무리 기량이 뛰어나도 아이언맨과 같은 특수 장비를 갖추거나 헐크와 같이 생체학적 변형으로 강한 힘을 지니게 된 슈퍼히어로와 대적할 수 없다. 마치 중세시대의 농부들이 갑옷으로 완전 무장한 기사들을 상대할 수 없었던 것과 같다.

생산 측면에서도 마찬가지일 것이다. 이제 기업 조직에서도 인력이 대량으로 투입되는 시대는 지나가고 있다. 미래에는 소수의 직원이 기계의 도움을 받아 물건을 생산하게 될 가능성이 크다.

전쟁도 생산도 더는 일반인들이 대규모로 투입되어야만 경쟁력을 갖는 그런 시대가 아니게 된다는 것이다. 마치 전투는 소수의 기사가 하고 생산은 소수의 수공업 기술자가 하는 중세시대로의 복귀와 같은 상황이다. 이는 바꿔 말하면, 미래에는 민주주의가 어느 정도는 퇴색할지도 모른다는 의미가 될 수 있다.

인공지능이 탑재된 로봇이 활약하는 시대가 다가오면, 인간은 전쟁터와 생산 공장에서 물러나 인공지능 로봇을 방해하지 않을수록 국가경제에 도움이 될 가능성이 크다는 이야기다. 즉, 국민이 전쟁에 참여하겠다고 나서는 국가가 인공지능 로봇 군대만으로 전투하는 국가에 패배할 수도 있다. 또한 기존에 인간이 해오던 많은 역할을 인공지능 로봇에 양보하고 인간은 뒤로 물러서는 국가가 경제적으로나 군사적으로나 더 번영할 수 있다는 의미다.

그러나 이렇게 인간이 뒤로 물러선다고 해서 그것이 인간에게 불행한 결과를 낳으리라는 생각을 할 필요는 없다고 본다. 너무 유토피아적인지는 모르지만, 수백 년간 서양을 제패했던 로마제국을 예로 들어 이 문제를 한번 이야기해보자. 로마제국이 작고

약한 국가였을 때에는 로마 시민들이 군대를 편성해 다른 나라의 군대와 전투를 벌였다. 하지만 일단 로마제국이 유럽과 북아프리카 그리고 중동 지방을 모두 점령해 더 이상 적이 없는 지위에 오르자 이런 상황에 변화가 생겼다.

우선 경제적으로는, 이집트와 시리아 등지에서 노예를 이용해 생산한 곡물이 싼값으로 로마로 들어오면서 농업에 종사하던 기존의 로마 시민들은 경쟁력을 잃었다. 또한 로마 시민 대신 체격이 좋은 게르만족과 스페인, 프랑스 갈리아 출신 용병들로 군대를 편성하게 되었다. 군대 복무가 더 이상 로마 시민의 의무가 아니게 된 것은, 전 세계 식민지에서 거두어들인 세금을 이용해 월급을 받는 용병으로 군대를 편성했기 때문이다.

결과적으로 로마 시민들은 로마가 강대국이 되자 농사도 짓지 않고 전쟁에도 참여하지 않게 되었다. 달리 해석하면 일자리는 노예들에게 빼앗기고, 군대 복무는 용병들에게 빼앗겨 실업자가 되어버린 것이다. 하지만 그 어떤 역사가도 로마 시민들이 불행해졌다고 기술하고 있지는 않다. 로마 시민들은, 엘리트 집단이 노예와 용병을 통해 나라를 통치하고 식민지에서 풍부한 식량과 세금을 거두어들이게 되면서, 일하지 않고도 정부의 배급으로 배불리 먹었다. 싸움에 직접 나서지 않고 안전을 보장받는 생활도 할 수 있었다. 그리고 가끔 콜로세움에서 황제가 오락을 위해 베푼 검투

시합이나 구경하며 즐거운 나날을 보냈다.

자기 능력을 발휘해 출세하고 싶은 로마의 젊은이는 여전히 용병을 이끌고 전투에 참여하는 장교가 되거나, 노예를 부리며 국가의 살림을 관장하는 행정관이 되었을 것이다. 그렇지 않은 보통의 로마 시민들은 시를 짓고 연극을 하거나 음악을 연주하며 문화적 삶을 영위했을 것이다. 먹고사는 걱정은 할 필요 없이 교양을 쌓고 인생을 즐기는 예체능 활동에 집중하는 궁극의 서비스업에 종사한 셈이다.

아직은 다소 이른 감이 있지만 기본소득 논의가 나오는 것도 이런 맥락에서 이해할 수 있다고 본다. 인공지능과 로봇의 도입으로 소수가 막대한 부를 독점하게 되면 그렇지 못한 대다수 일반인의 생활을 국가가 보장해줄 방안을 마련할 수밖에 없기 때문이다. 로마에서도 노예를 거느리고 용병을 고용한 귀족들과 일반 시민들 사이의 갈등이 심했다. 그 과정에서 탄생한 영웅이 바로 카이사르다. 카이사르는 일반 시민의 편에 서서 원로원을 제압하고 일반 시민들의 생활을 보장해주는 시스템을 도입했다.

미래에는 어쩌면 다시 로마제국의 시민처럼

우리의 미래는 로마 시민의 삶과 비슷한 양상이 될 가능성이 있다. 물론 로마의 노예와 용병을 대신하는 것은 인공지능이 탑재된 로봇일 터이니 인권 문제 또한 발생하지 않을 것이다. 다만 이 과정에서 인공지능 로봇으로 대체되는 자리에 있는 인간들의 불만이 폭발할 수는 있다. 변화라는 건 언제나 불확실하고 두려운 것이기 때문이다.

그런 측면에서 현재 급속한 인구 감소와 고령화의 위험이 눈앞에 닥친 한국에서는 오히려 인공지능 로봇의 도입과 관련된 갈등이 상대적으로 작지 않을까 예상해본다. 소수의 젊은 사람이 경제활동도 하고 노인도 간병하기란 곧 불가능해질 것이기 때문이다. 무엇보다 늘어난 노인 인구를 간병하는 로봇이 필요하다는 데 사회적 이견이 별로 없을 것으로 보인다. 또한 공장에서 근무할 노동자의 숫자가 미래에는 충분하지 않을 테니 로봇 도입을 반대할 명분도 없을 것이다.

생산을 위한 노동에서 벗어난 인간은 앞으로 로마 시민들이 시와 음악을 즐겼듯 순수한 오락을 소비하는 데 많은 시간을 쓸 수 있고 그렇다면 이를 위한 오락 산업에 종사하는 이들도 많아질 것이다. 아니면 지금으로서는 생각지도 못했던 전혀 새로운 서비스업이 등장할 수도 있다.

예를 들어, '네일 아트'라는 일거리를 100년 전 사람들이 과연 상상이나 했겠는가? 그 시절에 누군가가 "앞으로 미래에는 손톱만 전문적으로 손질해주는 직업이 탄생할 것"이라고 말했다면 믿을 사람이 있었을까? 100년 전 우리 조상들은 손톱 손질이라는 개념 자체를 이해하지 못했을 것이다. 또한 식당에 음식을 주문하면 집까지 배달해주는 서비스가 나오리라 예상한 사람이 있었을까? 지금으로부터 40년 전, 내가 어릴 적에는 김치를 직접 담그지 않고 사서 먹는 집은 거의 없었다. 그러나 요즘은 집에서 김치를 직접 담가 먹는 사람이 오히려 희귀해지고 있다.

인간의 욕구는 무한하다. 진화로 인해 인간이 만족하지 못하는 존재로 거듭났다는 이야기도 있다. 만족하지 못하는 유전자를 가진 인간이 만족하는 유전자를 가진 인간을 항상 이기고 진화해왔기에 인간은 기본적으로 아무리 좋은 환경에 처하더라도 더 많이 원하는 속성을 갖는다는 것이다. 현재 우리가 상상할 수도 없는 새로운 상품과 서비스가 계속 등장할 것이고 그 때문에 인간의 일자리는 계속 늘어나리라는 것이 경제학이 인간의 역사를 관찰해온 결과이다.

그러므로 앞으로 인간이 원하는 새로운 서비스업의 종류는 무궁무진할 것이라고 나는 생각한다. 요즘은 책이나 영화의 내용을 요약해주는 유튜브도 있다. 제일 놀라운 것은 남이 게임을 하고 장난감을 가지고 노는 것을 유튜브로 몇 시간이고 구경하는 사람들이 많다는 것이다. 전통적 의미에서 보면 생산성이라고는 전혀 찾아볼 수 없는 비생산적 행동이지만 인간에게 행복감과 만족을 준다면 이 또한 어엿한 서비스 산업인 것이다.

영화 〈매트릭스〉에서 인간은 실재와 다른, 단지 상상 속 세계인 매트릭스 시스템에서 생활한다. 영화에서는 인간이 그렇게 된 것이 기계들의 음모 때문인 것으로 묘사된다. 하지만 미래의 인간은 자발적으로 그런 매트릭스 세상으로 들어갈 가능성도 있다고 생각한다. 지금 밤낮으로 게임을 하며 지내는 사람들의 처지와 별로 다를 것도 없으며, 현실에서 전투에 참여하는 경험을 즐기려면 엄청난 비용이 들겠지만, 매트릭스처럼 상상 속 프로그램으로 들어가 전투에 참여하는 경험을 한다면 그 비용이 최소화될 것이기 때문이다. 1만 원을 내고 이순신 장군 휘하에서 명량해전에 참가할 수 있는 매트릭스 프로그램이 있다면 적지 않은 이에게 환영받을 것이다.

비용을 최소화하며 인생을 사는 색다른 방식을 제시한 영화 〈다운사이징〉도 생각난다. 인간의 신체를 작게 만들어 아주 적은 자원만으로도 인생을 즐길 수 있게 한다는 공상과학영화이다. 신체가 작아지면 너무 비싸서 엄두도 못 냈던 최고급 한우 등심을

과학기술이 발전할 때마다 인간은 두려움을 느꼈지만,

변화에 저항하지 않고 진취적으로 나서면

과학기술의 발전은 언제나 인간에게 도움을 주었다.

인공지능의 발전도 경제학의 입장에선

결코 예외로 보이지 않는다.

하나 사서 100명의 친구들이 배불리 나누어 먹을 수도 있을 것이다. 100명의 친구들이 비용을 나누면 그 정도의 돈은 충분히 낼 수 있지 않을까? 어쨌든 생산과 전쟁에서 벗어난 로마 시민들이 온갖 문화생활을 즐겼던 것처럼 미래의 인간들도 매트릭스의 세계든, 다운사이징의 세계든 더 적은 비용으로 여가를 즐길 방법을 찾아내리라 예측해본다.

변화, 두려워할 필요 없다

개인의 입장에서는 이런 발전된 과학기술을, 저항하지 말고 받아들여야 할 것이다. 이를테면 현재 교수인 내가 미래에도 계속 미시경제학을 대면으로 가르치겠다고 주장하며 학교를 상대로 저항하기보다는 해외의 저명 교수들이 온라인으로 미시경제학을 가르치게 된다는 사실을 받아들이고 그 새로운 환경에서 틈새시장을 찾아보는 쪽이 더 적절한 대응이라는 말이다. 방법을 좀 바꾸어서, 지식을 직접적으로 전달하기보다 지적 즐거움을 줄 수 있는 오락형 교육 프로그램으로 승화시키는 게 나을 수도 있다.

새로운 기술이나 시장이 등장했을 때 그것을 잘하는 것도 중요하지만 그에 못지않게 중요한 건 남보다 먼저 하는 것이다. 내 직장에서 제일 처음 인공지능 프로그램으로 어떤 업무를 시도한다면 인정받을 수 있다는 의미다. 미래에 대한 공포 때문에 옴짝달싹하지 않고 버티기보다는 과감하게 남보다 먼저 뛰어들어 새로운 분야를 선점하려는 노력을 해보는 것이 좋다.

과학기술이 발전할 때마다 인간은 두려움을 느꼈지만, 변화에 저항하지 않고 진취적으로 나서면 과학기술의 발전은 언제나 인간에게 도움을 주었다. 인공지능의 발전도 경제학의 입장에선 결코 예외로 보이지 않는다.

여기서 한 걸음 더 나아가보자. 엉뚱한 상상이지만, 현재 대한민국의 가장 큰 문제로 지적되는 저출산과 고령화가 미래에 오히려 한국 경제에 도움이 될지도 모른다. 저출산으로 노동력이 부족해질 것이 명확한 상황에서 한국인들이 이 사실을 받아들이고 다른 국가보다 먼저 부족한 노동력을 대체할 인공지능과 기계를 도입한다면 더 빨리 생산력을 획기적으로 높일 수도 있지 않을까?

변화는 인간을 불안하게 만들기에 많은 경우 사람들은 새로운 것을 거부한다. 아마 미래의 인공지능과 기계의 도입도 저항에 부딪힐 것이다. 하지만 변화를 먼저 받아들이는 국가가 시대를 선도하는 강대국이 된 것을 인간의 역사는 보여주고 있다.

3

빅데이터와 플랫폼 경제가 불러올 변화는 어디까지일까?

내가 대학생이던 시절, 경제학계의 관심은 '자유시장경제와 공산주의적 중앙통제경제의 경쟁에서 과연 누가 살아남을 것인가?'였다. 미국과 소련이 양대 강국으로 경쟁하던 1940년대부터 1980년대까지 이는 경제학계에서 가장 중요한 주제였다.

이미 결론을 알고 있는 지금 시점에서 보면 어째서 그런 낭비적 논의를 했는지 의아할 수 있겠지만, 공산주의 시스템과의 체제경쟁에서 이기고자 하는 주류 경제학계 입장에서는 경제체제로서 시장경제가 더 우월함을 보이는 게 아주 중요했다. 하지만 반대로 생각해보면 경제체제를 비교하는 경제학 분야에 연구자가 많았다는 사실은 자유시장경제를 신봉하는 주류 경제학자들에게도 공산주의적 중앙통제경제가 만만찮은 경쟁 상대였다는 반증이기도 하다.

공산주의의 중앙통제경제는 어째서 패배했는가?

공산주의는 어째서 멸망한 것일까? 첫째 원인은 자기와 자기 가족을 최우선으로 생각하는 이기적인 마음이 강한 인간에게 사회 전체를 위해 일하라면서 사유재산을 금지하는 공산주의 정신에 있다. 인간은 안타깝게도 그렇게 숭고한 존재는 아닌 것이다. 오히려 나와 내 가족을 위해서라면 다른 사람에게 해로운 일도 할 수 있는 것이 인간의 본성인데, 이 본성을 도외시했다. 이것은 공산주의가 부활하더라도 또다시 실패할 수밖에 없는 이유가 될 것이다.

둘째는 중앙통제 시스템의 비효율성이다. 인간이 아무리 이기적이고 속물적인 존재라 하더라도 엘리트 관료들이 이들을 잘 통제해, 각자에게 적절한 역할을 부여해주고 그에 따라 필요한 것을 원활히 제공해준다면 공산주의가 인간의 본성에 다소 어긋난다 해도 잘 통제되고 관리될 수도 있었을 것이다. 하지만 중앙통제 시스템은 그 비효율적인 속성으로 국가라는 거대한 조직을 제대로 관리할 수 없다는 치명적 단점을 안고 있기에 공산주의가 실패를 피할 수 없었다.

예를 들어 생각해보자. 시장경제에서는 개인마다 자신이 잘하는 일을 찾아 취업을 하고 생계를 유지하게 된다. 수학 계산을 잘하는 사람은 공학자나 회계사가 될 것이고, 예술 감각이 뛰어난 사람은 디자인 계통으로 갈 것이며, 소통에 소질이 있는 사람이라면 홍보 일을 하면 좋을 것이다. 하지만 공산주의 체제하의 중앙통제경제에서는 이런 개인의 직업을 중앙정부가 일일이 정해주어야 한다. 그러려면 각 개인이 어떤 업무에 능력이 있는지를 중앙정부가 사전에 파악해야 한다.

당연히 중앙정부가 수억 명의 개개인에 대한 정보를 수집해 정확히 파악하기란 불가능하기에 중앙정부가 경제를 통제한다는 계획은 실패로 귀결될 수밖에 없다. 부족한 정보를 가지고 정부가 국민들의 직업을 결정하면 수학을 잘하지만 예술적 감각이 없는 사람에게 디자인을 맡기고, 소통을 잘하지만 수학적 사고 능력은 부족한 사람이 회계사가 될 수 있으니, 결과적으로는 국가경제가 제대로 운용될 리 없다.

그런데 내가 지금 이 이야기를 자세히 하는 이유는 공산주의 국가들이 멸망한 두 번째 이유인 중앙통제 시스템의 비효율성이 미래에는 개선될 가능성이 보여서다. 그 열쇠는 바로 정보통신기술의 발전에 있다.

현재는 거의 모든 사람이 스마트폰을 손에 들고 다니고 있으며 그 사용 정보가 인터넷에 쌓인다. 이들 정보를 모아 빅데이터 분석을 하면 중앙에서 어떤 판단을 내리는 데 필요한 여건이 충분히 갖추어진다. 빅데이터를 이용한 플랫폼 산업은 이미 미래를 바꾸는 가장 중요한 산업이 되고 있다.

코로나19 팬데믹이 한창일 때 정부의 대응 상황을 보아도 이런 변화를 알 수 있다. 사람들이 코로나에 몇 번 감염되었고 백신을 언제 몇 번 맞았는지 정부가 정확히 파악할 수 있는 기술이 이제는 존재하는 것이다. 코로나에 걸리지 않도록 각자 조심하고 혹시 전염되면 스스로 알아서 병원을 찾아가 치료를 받으라는 식의 논리가 자유시장경제의 논리라면, 코로나 감염 상황을 정부가 모두 파악하고 어느 병원에 가서 언제 어떤 의사에게 치료를 받으라는 식의 지시를 내리면 국민이 그대로 따르는 것이 중앙통제 시스템이다.

둘 중 어느 쪽이 우월한 시스템인지 논하기 전에, 과거에는 중앙통제를 하고 싶어도 그럴 기술이 없었다는 것만은 분명하다. 공무원이 책상 앞에 앉아서 전화기로 전 국민이 코로나에 걸렸는지 확인하고 가장 가까운 병원을 찾아 의사에게 예약을 잡아준다는 것은 불가능했다. 정부에서 병원 예약을 해주기를 기다리다가는 환자가 먼저 죽을 상황인 것이다. 그러니 아무 정보도 갖고 있지 않은, 비효율적이고 느린 정부 관리들의 지시를 따르기보다는 개인들이 생존 본능에 따라 스스로 바이러스로부터 자신의 건강을 지키는 것이 낫다는 주장이 더 설득력이 있었다. 즉, 질병 치료에서도 자유시장경제가 우월함을 가지고 있었던 것이다.

하지만 빅데이터와 플랫폼 기업이 등장한 현재에는 정부 또는 중앙통제기관이 얻을 수 있는 정보가 대폭 늘어났고, 수집한 정보를 처리할 수 있는 속도 또한 빨라졌기에 중앙통제 시스템이 분권적 자유시장경제 시스템보다 더 효율적일 수도 있게 되었다.

그렇다면 미래에는 정부의 역할이 지금보다 커질 가능성이 있다. 지금까지는 정부의 관료나 정치인이 더 많은 업무를 감당하면서 권한을 늘리고 싶어도 이를 효율적으로 처리할 능력이 없어서 하는 수 없이 중앙통제를 포기하고 분권형 시장경제에 권한을 넘긴 측면이 있다. 하지만 이제는 정보통신기술의 비약적 발전으로 중앙정부가 국가와 국민에 관한 정보를 속속들이 파악할 수 있는 상황에 근접하고 있으니, 시장경제가 하던 기능을 다시 돌려받고자 할 가능성이 있다.

앞의 예에서 보았듯, 전 국민이 들고 다니는 스마트폰을 이용하여 자기가 코로나 증상이 있는지 없는지를 입력하면 정부의 중앙

컴퓨터가 이 정보를 수집하고 한편으로는 의료기관의 진료 일정을 모두 파악해 순식간에 환자에게, 어느 병원으로 몇 시에 가라는 지시를 내리는 것이 가능해졌다. 국민들 중에서도 자유시장경제체제에서 무한경쟁을 하는 데 지쳐 중앙정부의 통제를 선호하는 사람들이 생길 수 있다. 따라서 미래 사회에는 우리 경제생활 곳곳에서 정부의 역할이 커질 가능성이 분명히 있다.

이제 정부는 플랫폼 기업과 경쟁하게 될 수도 있다

다른 한편에서는 정부의 권한을 위협하는 요소도 있다. 바로 플랫폼 산업이다. 대한민국에서 거의 모든 국민이 사용하는 네이버나 카카오 같은 플랫폼 산업은 사실 정부의 역할과 매우 비슷한 기능을 이미 하고 있다. 정부의 역할이 사람들이 안심하고 물건을 사고팔 수 있는 시장을 마련해주고, 시장에서 사기나 도난이 발생하지 않도록 치안을 유지하는 것이라 한다면, 우리나라의 네이버와 카카오 또는 미국의 구글이나 아마존 같은 플랫폼 기업들이 바로 그 역할을 하는 것이다. 즉, 나는 오프라인 세계에서는 대한민국 국민이지만 온라인 세계에서는 네이버나 카카오 시민이라는 논리가 성립한다.

코로나에 걸렸을 때 정부가 국민들의 정보를 파악해 의사에게 예약을 해줄 수도 있지만, 이런 작업을 더 효율적으로 할 수 있는 기관은 네이버나 카카오 같은 민간 플랫폼 기업일 것이다. 따라서 미래에 또 다른 팬데믹 상황이 발생한다면 이를 관장하는 곳이 중앙정부의 질병관리청이 아니라 네이버나 카카오의 질병 관리 앱이 될 수 있다.

이런 플랫폼의 이점은 정부와 달리 세금을 걷지 않는다는 것이다. 따라서 많은 사람이 세금을 거두어 공무원 월급을 주는 오프라인 정부보다 공짜로 서비스를 해주는 온라인 플랫폼에 더 소속감을 느끼고, 같은 서비스라 해도 현실의 정부보다 가상공간의 플랫폼에서 제공받는 것을 선호하게 될 가능성 또한 있다.

달리 해석하면, 앞에서 언급한 중앙통제 시스템의 강화 가능성이 높은데 그 "중앙"이 의미하는 바가 꼭 국가의 정부가 아닌, 네이버나 카카오 같은 플랫폼 기업일 수도 있다는 이야기가 된다. 어쩌면 한국의 플랫폼을 넘어 해외의 구글이나 아마존을 이용할지도 모른다.

그동안 정부기관은 독점적 지위를 누려왔지만 국민에 대한 서비스가 민간기업에 비해 다소 미흡한 면이 있었던 것도 사실이다. 앞으로 정부기관이 플랫폼 기업과 대국민 서비스를 놓고 본격적으로 경쟁하는 상황이 온다면, 경제학 관점에서는 효율적이고 바람직한 점도 있으리라 본다. 소비자와 국민의 입장에서는 서비스 제공자들이 경쟁하면 더 좋은 서비스를 더 싼 가격에 이용할 수 있기 때문이다.

미래의 경제환경이 분산적인 자유시장경제체제에서 중앙통제적 경제 시스템으로 바뀔 수 있으며, 플랫폼 산업이 발전해 정부와 서비스 경쟁을 벌일 가능성이 높다는 사실을 염두에 둔다면 독자들이 경제계획을 세우는 데 일정 부분 도움이 될 수 있어 설명한 것이니 참고가 되었으면 한다.

세계화의 두 얼굴과
격화되는 갈등

요즘 대한민국 국민들 중에는 한국은행의 발표보다 미국의 연방준비제도(이하 '연준')의 발표에 더 신경 쓰는 사람이 많은 것 같다. 미국 연준이 대한민국의 은행 금리와 주식 가격에 미치는 영향력이 한국은행보다 더 커 보이기 때문이다. 이제는 세계경제가 단순히 연결되어 있고 또 서로에게 의존적인 정도를 넘어 거의 하나가 되고 있다는 표현이 더 맞을 것이다.

경제학의 시조 애덤 스미스의 유명한 저서 《국부론》을 읽어보면 맨 먼저 나오는 이야기가 '분업'이다. 바늘을 만들 때 예컨대, 10명의 직공이 각자 혼자 바늘을 만들면 하루에 30개를 생산하는

데 그치겠지만, 바늘의 공정을 열 가지로 나누어 한 사람이 한 가지씩 맡아 분업을 하면 3,000개의 바늘을 만들 수 있다고 애덤 스미스는 적고 있다.

당연히 경제학은 분업의 효과를 믿는다. 자동차를 만들 때 어떤 사람은 철판을 두드려 펴는 일을 하고, 다른 사람은 엔진을 조립하고, 다른 사람은 타이어를 만들며, 또 다른 사람은 차에 도색을 하는 등 각 공정의 담당자를 정해 작업을 분담하면 각 공정을 담당하는 사람의 전문성이 향상되어 그 결과 생산성이 비약적으로 커진다.

개인 간 분업 이론은 국가 간 분업 이론으로 확장되었다. 즉, 자동차를 잘 만드는 나라는 자동차를 만들어서 전 세계에 수출하고, 비행기를 잘 만드는 나라는 비행기를 만들어서 전 세계에 수출한다. 이런 식으로 각 나라가 자신이 가장 잘하는 분야를 전담해 그것만을 생산하고 이를 서로 교환한다. 이것이 바로 국제경제학의 중요한 이론인 '비교우위이론(theory of comparative advantage)'이다. 국제적 분업과 교역이 이루어지면 어떤 국가에는 이익이고 어떤 국가에는 손해가 나는 것이 아니고, 참여하는 모든 국가에 이익임을 보여주는 이론이다.

무역이 없으면 풍성한 식탁도 없다

굳이 복잡한 경제 이론을 통해 이해할 필요도 없는 것이, 우리가 실생활에서 매일 경험하는 것이 바로 이런 분업과 무역의 위대성이다. 오늘 저녁으로 나는 연어를 구워 먹으려고 한다. 그런데 연어는 내가 살고 있는 서울에서는 잡히지 않는 생선이다. 사실 한국에서 잡히는 생선도 아니다. 머나먼 노르웨이에서 잡힌 생선을 내가 오늘 식탁에서 먹는 것이다. 아침에 먹은 빵은 또 어떤가. 이 빵은 밀가루로 만드는데 한국에서는 밀가루 생산이 거의 이루어지고 있지 않기 때문에 미국에서 수입한 밀가루로 만든 빵을 내가 먹고 있다. 빵과 같이 먹는 건포도 또한 미국산이다. 저녁 시간에 한두 알씩 먹는 캐슈너트는 베트남에서 생산되었고, 하루에도 여러 잔 마시는 인스턴트커피의 원두는 에티오피아산이다.

만일 세계의 무역이 중단되어 내 식탁에 오르는 모든 식품이 한국산이어야 한다면 어떤 일이 벌어질까? 당장 빵이나 파스타같이 밀가루가 주원료인 음식은 식단에서 사라질 것이다. 피자나 햄버거에 들어가는 밀가루도 문제이지만, 올리브 같은 수입 제품이 피자 토핑으로 올라가지 못할 것이며, 토마토케첩 또한 국내에서 제조할 수야 있겠지만 아마도 가격이 많이 비싸져 자주 먹지 못할 수 있다. 이제는 우리 식생활에 중요한 요소가 된 치즈도 국내산만 먹을 수 있다면 가격이 많이 오를 것이다. 각종 카레는 구경도 하지 못하게 될 것이고, 커피는 평생 마실 수 없게 된다. 설탕도 없을 테니 귀한 꿀을 조금 넣고 요리해야 할 것이다. 이쯤 되면 우리의 식탁은 다시 조선시대로 돌아가 쌀밥과 김치 위주의 식단이 될 가능성이 크다.

세계 각국의 교역이 우리의 식생활을 얼마나 풍요롭게 해주는지를 생각해보았지만, 사실 그 전에 먼저 수출과 수입의 중단에 따라 우리의 생활 자체가 매우 어려워질 것이다. 석유와 가스 또한 100% 수입에 의존하는 우리의 실정에서 지금처럼 자동차를 탈 수 있을지도 불확실하고, 비행기를 타고 여행하는 것은 일반인들에게는 거의 불가능한 이야기가 되지 않을까?

물론 인류가 교역을 중단하는 사태는 일어나지 않으리라 믿는다. 하지만 중단까지는 아니더라도 만일 각국이 외국의 상품에 대해 높은 관세를 부과한다면 그 효과는 부분적 수입 중단에 맞먹을 수 있다. 대한민국의 현대·기아 자동차와 삼성 갤럭시 스마트폰에 세계 각국이 50%의 관세를 매긴다면 당장 수출 물량이 엄청나게 줄어들 것이다. 그리고 우리의 경제생활도 몹시 힘들어질 것이 분명하다.

그래서 경제학자들은 자유무역협정을 강력하게 지지한다. 세계 각국이 무역에 장애가 되는 관세를 낮추거나 철폐하면 모두가 윈윈(win-win)할 수 있으니 자유무역을 하자는 것이 경제학자들 대다수의 주장이라고 봐도 틀리지 않다.

이런 경제학의 주장이 많이 받아들여져 대한민국만 하더라도 전 세계 여러 나라와 자유무역협정을 맺고 있다. 실제로 현재 대한민국의 경제는 수입과 수출, 즉 무역 없이는 생존이 어려운 상황이라 해도 과언이 아니다. 유럽의 국가들은 여기서 더 나아가 유로라는 공동 화폐를 사용하면서 자유무역 수준을 넘어 거의 같은 국가인 것처럼 경제생활을 하고 있다. 정치나 문화적 측면은 모르겠지만 경제적 측면에서는 자유로운 경제활동을 할 수 있는 영역이 넓어질수록 우리의 경제생활이 확실히 풍요로워지기 때문에 이런 자유무역이 활성화되고 심지어 공동 화폐까지 등장하는 것이다.

이렇게 세계 각국이 국경의 높은 장벽을 허물거나 낮추면서 경제적으로 큰 이익을 얻을 수 있으니 자유무역의 범위는 앞으로도 더 확대되지 않을까 기대한다. 하지만 역사 기록을 보면 이런 자유무역의 확대는 새로운 위협이 될 수도 있다. 이제 그 위험성을 생각해보자.

자유무역 확대와 국가 간 갈등의 문제

갑작스러운 이야기이지만, 나는 좀처럼 화를 내지 않는 성격이다. 돌아보면, 지금까지 살면서 세 번 정도 화를 내지 않았나 생각한다. 그런데 그 세 번 화를 낸 대상이 재미있는데, 모두 가족이었다.

사실 가족이 아닌 사람에게는 화가 나지 않는다. 잘 모르는 사람이 내게 좀 나쁜 행동을 하더라도 내 인생과 별 상관도 없는 사람이고 나 또한 그에게 기대하는 바가 전혀 없으므로 '별 이상한 사람 다 있네.' 하고 잊어버린다. 아니면 뭔가 나에 대해 오해를 했을 텐데 그 오해를 풀어야 할 가치도 실은 잘 느끼지 못한다. 내 인생과 상관없는 사람이 오해를 해봐야 그 또한 나와 크게 상관이 없는 일이어서다.

그러나 가족은 다르다. 내가 매일 만나 같이 생활하고 내게는 너무 소중한 사람들이 바로 가족이다. 그리고 나는 가족에게 기대가 크다. 뭔가 내가 어려울 때 나를 도와줄 같은 편으로 생각이 된다. 그런데 내 예상과 달리 내 편을 들어주지 않는다거나, 내가 가족을 위해서 나름대로 희생하고 노력하는 것을 완전히 무시하면 정말 화가 난다. 즉, 각별히 가까운 사이일수록 서운한 점도 많고 싸울 일도 많은 것이다.

유럽연합(EU)에서 영국이 탈퇴한 브렉시트(Brexit)가 아마 이와 유사한 사례가 아닌가 한다. 그동안 영국은 아마 자신들이 유럽연합에 많은 돈을 내며 크게 기여하고 있다고 생각했을 터이다. 한편, 그리스 같은 나라는 자신들이 유럽연합에 가입해 손해가 나는 것을 참고 있는데 독일과 영국 등이 자신들을 무시한다고 불평하는 상황이었다. 즉, 영국의 국민들은 자기들이 돈을 내서 유럽연합의 다른 국가들을 돕고 있는데 고맙다는 말은 못 듣고 오히려 원망과 불평만 들으니 기분이 나빴던 것이다.

이는 마치 가족을 위해 열심히 일하고 귀가한 가장이 저녁 식사 자리에서 오늘 직장에서 일어난 일을 말하려 하는데 아내와 자녀들이 시끄러우니 조용히 하라고 핀잔을 주어 몹시 서운하고 화가 나는, 그런 심정에 비유할 수 있지 않을까? 아니면 집에서 하루 종일 가사 일에 시달린 아내에게 술마시고 밤늦게 들어온 남편이 집에서 하루 종일 잘 놀았냐고 하면 분노가 치밀어 오르는 것과 같은 상황이다.

제1차 세계대전 직전의 상황을 보면, 많은 유럽인은 유럽의 국가들이 서로 경제적으로 긴밀히 맺어져 전쟁이 벌어지면 독일, 영국, 프랑스가 모두 엄청난 피해를 보기 때문에 전쟁은 절대로 일어나지 않으리라 생각했다고 한다. 하지만 불과 몇 년 뒤 세계대전이 발발했다. 경제적으로 독일, 영국, 프랑스가 긴밀한 관계를 맺고 교역을 하면서 오히려 서로에게 서운한 감정이 생기기 시작했던 것이다. 영국은 독일과 같이 일을 하면 독일이 항상 더 많이 가져간다고 생각했을 것이고, 독일은 영국과 같이 일하면 영국인들이 터무니없이 트집을 잡는다고 생각했을 수 있다.

최근의 세계 상황도 비슷한 면이 있다. 특히 미국과 중국의 상황을 보면, 미국이 중국의 저렴한 상품을 수입하고 중국은 미국의 앞선 기술을 도입하는 식으로 긴밀한 관계를 맺어왔지만 그 둘의 관계는 어느새 적대적으로 변했다. 미국은 기술도 전해주고 경제적 교역의 기회도 주면서 잘 대해주었다고 생각했는데, 중국이 점차 미국 기업들을 밀어내고 미국에 도전장을 내미는 수준에까지 이르렀으니 위기감을 느꼈을 것이다. 반대로 중국은 자기들이 만든 물건을 미국인들에게 싸게 공급했는데 미국이 정당한 대가를 지불하기는커녕 오히려 중국 경제발전의 발목을 잡으려 한다고 느낄 것이다. 미국과 중국 사이에 교역이 없었더라면 일어나지 않았을 경제적 갈등이, 너무 긴밀한 분업을 하다 보니 발생하고 있다.

과거에는 이런 갈등이 전쟁으로 확대되었으나 핵무기라는 지나치게 강력한 무기를 보유하게 됨으로써 전쟁이 억제되어온 측면이 있다. 그러나 최근 세계화가 쇠퇴하고 국가 간 갈등은 더욱 심화되고 있는 상황이다.

2022년 시작된 러시아–우크라이나 전쟁을 통해 우리는 이러한 갈등 상황을 생생히 목격하고 있다. 러시아와 우크라이나는 과거 소련이라는 한 나라에 속했다. 러시아는 우크라이나가 우방이라고 생각한 반면, 우크라이나는 러시아가 별 도움도 주지 않으면서 이런저런 간섭을 하는 데 불만을 가졌을 테고, 이러한 입장 차이에서 전쟁의 한 가지 원인을 찾을 수 있다.

경제의 상호 의존성이 높아지면 세계 각국은 경제적 피해를 우려해서 전쟁을 회피하게 된다. 하지만 이런 상황이 지속되면 오히려 내가 경제적으로 좀 많은 이득을 챙겨도 다른 나라가 전쟁을 일으키지 못할 것이라는 생각에 상대 국가를 자극하는 행동을 서슴없이 자행할 가능성도 커진다. 그러다 보니 러시아가 전쟁을 통해서 석유 가격을 높였듯이, 자국의 이익을 위해서 세계 자유무역 질서를 어지럽히는 일들이 늘어나고 있다.

수십 년간 경제학자들과 각국 정치인들이 힘을 모아 추진해온 자유무역 시스템은 인류에게 경제적 풍요를 가져다주었다. 하지만 각국의 경제관계가 매우 긴밀해진 현재로서는 오히려 심각한 갈등의 도화선이 될 가능성도 안고 있다. 이런 갈등을 해소하는 것은 유감스럽게도 경제학의 영역이 아닌, 정치의 영역이다. 하지만 대한민국을 포함한 세계 여러 나라의 정치인들을 보면 과연 이 문제를 잘 해결해낼 수 있을지 걱정을 감추기 어렵다.

분명한 것은 아무리 어렵더라도 이 갈등을 해결하고 극복해야 세계 경제가 한층 더 풍요로워질 것이라는 사실이다. 그러므로 21세기의 인류가 국제무역 갈등을 현명하게 해소해내는지 주시해야 한다. 세계 각국이 경제적 긴밀함에서 오는 갈등을 잘 풀어나갈지 아니면 적대적 감정이 심화되어 자유무역을 포기하는 방향으로 갈지는 국가의 문제이기도 하지만, 개인의 경제생활에도 큰 영향을 미칠 것이기 때문이다.

거대한 변화까지 견뎌낼
경제계획을 세우기 위하여

책을 마무리하면서 이제 정리를 한번 해보자. 가계부를 쓰고, 담배, 술, 골프, 비싼 브랜드 커피 등에 대한 지출을 줄이며 절약하고 그렇게 아낀 금액을 모두 저축한다면 누구나 썩 풍족하지는 않아도 궁핍하지 않은 경제적 삶을 누릴 수 있다. 주식이나 부동산 또는 코인 등 위험한 투자를 하지 않아도 미리 미리 지출을 줄이고 저축을 열심히 했다면, 큰 병에 걸리거나 사고를 당하는 등의 재난을 만나지 않는 한 경제적으로 비참한 지경에 이르는 일은 없으리라 생각한다.

그런데 이 세상에는 거대한 변화가 일어나는 경우가 있다. 물론 이런 변화는 100년에 한 번 있을까 말까 한 것이므로 우리 부모님들은 겪지 않았을 수 있다. 이렇게 드물게 발생하는 큰 변화는 누구라도 예상하기가 쉽지 않지만, 만일 죽기 전에 이런 변화가 닥치면 우리가 세웠던 경제계획도 큰 타격을 받을 수 있다. 마치 거대한 쓰나미가 오면 아무리 집을 튼튼하게 지어도 휩쓸려 갈 수 있는 것처럼 말이다. 그러므로 혹시라도 발생할지 모르는, 경제 쓰나미 같은 상황도 한 번쯤은 생각해보아야 한다.

외부 충격과 스트레스 테스트

경제학에서는 이런 급작스러운 사태를 가리켜 외부 충격(external shock)이라고 부른다. 경제학 원칙에 따라 평생 들어올 소득과, 지출이 필요한 액수를 계산해 철저한 계획을 세우고 살아가는 개인이나 기업이 전혀 예상하지 못한 외부 충격을 받게 되면 원래의 계획을 크게 수정해야 하는데 이 과정에서 큰 손해를 감수해야 한다.

예를 들어, 정부가 주식거래에 대한 과세를 발표한다면 앞으로는 주식거래를 줄이는 방향으로 가야 하니 계획의 수정이 필요하다. 따라서 이전에는 10년간 보유하고자 했던 주식을 계획을 바꿔 급하게 팔아야 하므로 손해를 볼 수 있다. 크나큰 외부 충격이 닥치면 소유하고 있던 집을 팔아 작은 집으로 이사하거나 연금이나 보험을 해지해야 하는 상황이 벌어질 수도 있는데 모두 세금이나 해약금 측면에서 손해이다. 만약 그동안 모아둔 노후 대비 자금이 모두 사라질 정도의 큰 손해를 입게 되면, 노후 대책 마련을 처음부터 다시 시작해야 하는 심각한 상황에 처할 수도 있다.

이런 이유로, 국가나 은행에서는 향후 발생할 수 있는 최악의 외부 충격을 가정하고 그런 충격이 발생했을 때 국가나 은행이 어떤 피해를 입게 되고, 어떻게 하면 파산을 피할 수 있을지를 테스트한다. 이를 '스트레스 테스트(stress test)'라고 부른다. 즉, 발생 가능한 스트레스를 상정한 뒤 조직이 이를 감내할 수 있을지 모의 실험으로 검증해보는 것이다. 당연히 스트레스 테스트에서 문제를 발견한 조직은 적합한 대책을 세워 해당 스트레스 테스트를 통과할 방안을 찾아야 한다.

개인이나 가정에서 스트레스 테스트까지 정식으로 수행하기란 어려울 것이다. 전문가가 아니라면 정확한 테스트는 사실상 불가능하기도 하다. 하지만 완벽하지 않더라도 만일 내가 큰 액수를 넣어둔 은행이 갑자기 파산한다든지, 아파트 가격이 폭락한다든지, 자녀가 유학을 갔는데 환율이 갑자기 2배로 오른다든지 하는 시나리오를 미리 생각해볼 필요는 분명히 있다. 만일 내가 거래하는 은행이 파산하고 내 아파트 가격이 50% 폭락한다면, 그래도 우리 가정의 경제가 파탄을 모면하고 내 노후 대책이 여전히 가능한지 판단은 해보아야 할 게 아닌가? 만약 그때 문제가 생기겠다고 판단되면 그 해결 방법도 미리 염두에 두어야 한다. 이렇게 미래에 발생 가능한 최악의 상황을 생각해보는 것만으로도 개인에게는 일종의 스트레스 테스트가 된다.

그런데 스트레스 테스트를 해서 최악의 상황에 대비하고자 한다면 과연 미래에 어떤 최악의 외부 충격이 발생할 수 있는지에 대해 대강이나마 알아야 한다. 지금부터 가능성은 작지만 발생했을 때 우리 가족의 경제계획에 치명적 영향을 줄 수 있는 외부 충격들에 대해 살펴보자.

고령화와 인구 감소, 정부 재정의 파탄

사실 고령화와 인구 감소는 예상하지 못하는 변화는 아니다. 대한민국의 전 국민이 곧 이런 일이 닥치리라는 것을 이미 잘 알고 있다. 우리 사회가 출산율을 높일 획기적 방안이나 노인 인구를 저비용으로 부양할 수 있는 대책을 마련하지 못한다면 고령화와 인구 감소는 우리 경제에 큰 충격을 줄 것이다. 사실 이미 시작되고 있다.

최근 국민건강보험료가 급격히 상승한 것을 경험한 사람이 있을 것이다. 나는 정부가 지금의 연금과 건강보험 체계를 그대로 유지한다면 머지않은 미래에 결국 파산할 수밖에 없고, 따라서 연금과 건강보험 제도에 큰 변화가 불가피하다고 본다. 당장은 정치적 이유로 어려울지 모르지만 2050년쯤 되면 국민연금과 국민건강보험은 더는 지속이 불가능한 상황이 된다. 그러면 그때는 전 국민이 납부하는 국민연금과 건강보험료도 상승할 수밖에 없다. 아니면 세금으로 적자를 메워야 하므로 세금이 오를 것이다. 매월 세금도 더 많이 내고, 연금도 더 많이 내고, 건강보험료도 더 많이 내야 한다는 말이다.

그래서 나는 일단 비과세 상품은 한도까지 꽉꽉 채워 가입해놓으려 한다. 비과세 상품에는 세금이 부과되지 않고 건강보험료 산정에도 적용되지 않기 때문이다. 그리고 지금까지는 정부가 보장하는 연금, 즉 내 경우 사립학교 교직원 연금, 교직원공제회, 우체국 연금 등에 주로 가입했지만, 앞으로는 민간 연금보험의 비중을 더 늘려보려 한다. 대한민국 정부의 재정 불안 가능성이 0%는 아니기 때문이다.

한편 나는 부동산 가격 상승은 이제 멈출 것으로 생각한다. 물론 인기 지역의 부동산은 오를 수 있다. 하지만 대한민국이 고도 경제성장을 하던 시기처럼 전 국토의 부동산 가격이 오를 가능성은 없다. 무리해서 빚으로 아파트를 살 필요가 있을까 싶다. 엄청난 부동산 보유세를 부담하면서 오르지도 않는 부동산을 소유하기보다는 임대도 좋은 선택이 될 것으로 본다.

장기적으로는 우리 사회가 이민을 받아들이는 방법을 결국 진지하게 고려할 수밖에 없다고 생각한다. 물론 다른 방법으로는 인공지능을 탑재한 로봇을 획기적으로 수용하여 부족한 노동력을 메우는 방법도 있을 것이다. 하지만 단기적으로는 부족한 노동력을 이민으로 채울 수밖에 없다고 생각된다.

미국의 경제 주도권 상실 가능성

100년 전, 즉 20세기 초 오랫동안 세계경제를 주도해왔던 영국의 힘이 약화되고 미국이 세계경제를 주도하는 강국으로 부상하였다. 자연히 기축통화는 영국의 파운드에서 미국의 달러로 바뀌었다.

사실 1950~1960년대의 미국은 지금보다 훨씬 강력한 힘을 가진 국가였다. 단순히 군사력만 강했던 게 아니다. 풍부한 경제력을 바탕으로 한국전쟁 직후의 대한민국은 물론 제2차 세계대전으로 황폐해진 유럽을 재건하는 비용을 모두 지원해주었다. 그랬음에도 미국 경제는 오히려 번성했다. 세계의 모든 국가가 큰

형님 같은 미국을 믿고 따르기만 하면 되는 시절이었다.

그러나 1970년대부터 미국의 지위는 조금씩 흔들린다. 이전까지는 미국의 자동차가 세계 최고였는데 이 시점부터 독일과 일본의 자동차들이 성능 면에서 미국을 앞질렀고, 미국으로부터 배운 기술을 발전시킨 동생뻘의 다른 국가들이 미국보다 더 좋은 상품을 만들어내기 시작했다. 그 결과 제조업의 경쟁력이 약화된 미국은 수출보다 수입이 더 많은 국가가 되었고 이제는 미국에 공장을 지어달라고 다른 나라의 기업들에 요청하고 있다.

물론 그렇다 해도 아직 미국을 따라갈 나라는 없다. 한때 일본과 독일의 경제가 미국을 대신해 세계 1위가 될 것이라고 예상되던 시기도 있었지만, 결국 미국을 대신하지는 못하였다. 미국을 위협할 정도로 빠른 속도로 성장하던 중국 경제도 저성장의 징조가 보이면서 미국을 결코 따라잡지 못하리라는 예상이 나온다.

그런데 중국이나 다른 국가가 미국을 대신하여 세계 1위의 경제대국이 될 가능성을 따져보는 일은, 우리와 무관하거나 강 건너 불구경처럼 여길 일이 아니다. 만일 미국 경제가 축소되고 달러가 기축통화의 가치를 잃게 된다면 우리 같은 제3국 일반 시민의 경제도 큰 타격을 받을 것이기 때문이다.

예를 들어, 내일 갑자기 미국의 달러가 휴지 조각이 된다면 어쩌겠는가? 지금 모든 기업이 수입과 수출 시 미국 달러를 사용하는데 그럼 당장 내일부터는 어떤 통화를 사용해야 할까? 한국의 은행들도 IMF 위기 이후 미국 달러를 넉넉히 보유하고 있는데 달러 가치가 떨어지면 어떻게 될 것인가? 각국의 중앙은행과 기업들이 달러를 앞다투어 팔기 시작하면 달러의 가치는 더 빨리 폭락할 것이다. 그리고 1,000원에 산 달러를 100원에 팔 수밖에 없게 된다면 갑작스러운 자산 가치 하락으로 도산에 이르는 기업과 국가가 나올 수 있다. 아마 모든 개인과 기업이 우왕좌왕할 것이며 그 와중에 은행이나 증권회사 같은 곳이 파산하면, 그게 바로 경제대공황이다.

물론 향후 수년 내로는 미국 경제가 세계 1위 자리를 내주지 않겠지만, 만약 그 기간을 수십 년 정도로 늘려 잡는다면 변화의 가능성은 충분하다. 지금도 미국은 여전히 군사력과 정치력에서 유일한 부동의 강대국이지만 경제력 측면에서는 흔들리는 모습을 보이기도 했다. 과거 강대국의 지위는 네덜란드에서 영국으로, 그리고 미국으로 다시 이동하였는데 네덜란드와 영국 모두 세계 1위의 경제 강국 지위를 유지한 기간은 대략 150년 내외였다.

물론 수백 년 전과 현재의 상황이 같을 수는 없다. 하지만 강대국의 지위가 영원히 지속되지 않았다는 사실은 새겨볼 만하다. 아마도 미국은 100년 후에도 여전히 세계 1위의 강대국일 것이다. 그렇다 하더라도 군사·정치·경제 모든 면에서 타의 추종을 불허

하는 지위를 유지하지는 못하는, 불안한 세계 1위의 모습을 보일 가능성이 있다.

만일 미국 경제가 흔들린다는 느낌을 받게 된다면 그때 나는 금을 구매할 것 같다. 강대국인 미국의 달러가 흔들린다면 다른 나라들의 통화는 더 믿을 수 없을 터이니 말이다. 물론 지금은 그 가능성이 아주 낮다고 생각하고 나 자신도 별도의 대비를 하고 있지 않지만, 특히 젊은 독자들은 한번 고려해볼 컨틴전시라서 언급해 둔다.

인플레이션 리스크

코로나19 팬데믹으로 인해 각국 정부가 돈을 너무 많이 풀어 현재 전 세계가 인플레이션에 시달리고 있다. 사실 그동안 경제학자들은 경제학의 발전으로 인플레이션을 잡는 방법이 많이 발전하여 높은 인플레이션이 자주 발생하지는 않으리라고 예상해왔다. 즉, 과거 경험을 잘 연구하고 대비하면 인플레이션을 피할 수 있다고 믿었다. 나를 포함하여, 불과 얼마 전까지 이런 믿음이 있었던 경제학자들에게 질병이 원인이 되어 발생하는 인플레이션은 거의 상상도 하지 못한 대사건이었다.

그러므로 역설적으로 보자면, 코로나19 팬데믹 사태를 통해 경제학은 질병에 의한 외부 충격의 상황에 대해 많은 것을 배워 더 좋은 방안을 마련해낼 것이 분명하다. 하지만 코로나19처럼 경제학자들이 미처 경험하지 못하거나 전혀 생각지 못한 상황이 미래에 발생할 가능성은 항상 존재한다.

특히 나와 같이 노후를 연금에 많이 의존하는 경우에 높은 인플레이션은 치명적이다. 물가는 오르지만 내가 받을 연금은 오르지 않기 때문이다. 따라서 위험 기피 성향이라 하더라도 주식이나 부동산에 일정 재산을 넣어놓을 필요가 있다. 큰돈을 벌려는 목적이 아니라 혹시라도, 아주 작은 가능성으로 미래에 엄청난 인플레이션이 발생하면 정기예금이나 연금에서는 손실이 나지만 주식이나 부동산은 가격이 상승하여 가치를 유지할 것이기 때문이다. 거듭 이야기하지만, 경제학 측면에서 인생을 계획하는 가장 중요한 목적이 바로 재난적 상황을 피하는 것이기 때문이다.

바로 이런 이유로 인구 고령화와 저출산으로 인한 정부 재정의 약화, 인플레이션, 미국 달러의 기축통화 지위 상실과 같은, 낮은 확률의 최악의 컨틴전시를 한번 고려해둘 필요가 있다. 내 생각에 특히 지금 20~30대의 젊은이들에게는 이런 컨틴전시 중 한두 가지는 죽기 전에 발생할 확률이 상당히 높다고 판단된다.

물론 인플레이션이든 그 이외의 다른 상황이든 개인이나 가정이 어려움을 뚫고 나가고자 할 때 가장 중요한 것은 근로소득이다. 자신이 몸으로 일해 소득을 낼 능력이 있다면 어떤 경제적 충격도 헤쳐나갈 수 있다.

사실 저출산·고령화의 절벽이 분명하게 다가오고 있는 한국 경제의 경우 정부가 정치적 이유로 연금과 국민건강보험 제도의 개혁을 단행할 수 없다면, 결국 인플레이션으로 그 문제를 해결하게 될 가능성이 크다. 즉, 연금을 낼 젊은 사람은 줄어들고 연금을 받을 노인이 늘어나면 해결 방법은 두 가지뿐이다. 연금을 더 내고 덜 받는 방향으로 개혁하는 것이 첫째이지만, 이런 개혁을 하는 정치인은 다음 선거에서 중년층과 노년층의 표를 얻지 못한다는 문제가 있다. 그래서 발생 가능성이 더 높은 다른 하나의 해결법은 정부가 만들어낸 인플레이션이다. 결국 정치적 해법을 찾지 못해 연금이 파산 직전에 간다면 정부와 한국은행이 엄청난 돈을 찍어내 연금을 주는 방법만이 남는 것이다. 정부는 무제한으로 돈을 찍어낼 수 있기 때문이다. 물론 그렇게 돈을 찍어 연금을 준다면 당연히 엄청난 규모의 인플레이션이 발생한다. 연금을 받는 입장에서는 물가가 올라 결국 연금이 깎인 셈이 되는 것이다. 믿었던 연금이 휴지 조각이 되거나 반토막이 될 수 있다는 의미다.

이런 위기는 길어봐야 불과 30년 이내에 우리 사회에 닥칠 가능성이 매우 크기에 지금부터 미리 대비하지 않으면 안 된다. 이 책을 쓰고 있는 나 자신도 노후에 매월 받는 연금에 만족하고만 있을 처지가 아니라는 것이다. 인플레이션이나 각종 경제위기에 대비해 연금 일부는 다시 투자하는 방식으로 대비해야 하는 상황이다. 만약 이 인플레이션이 우리나라에 국한된 것이라면 달러 같은 외국 통화를 보유하는 것도 한 가지 방법이 되지 않을까 생각한다.

미래에 발생할지 어떨지 확실치 않은 거대한 경제 변화에 대비해 당장 경제계획을 다시 세우라고 말하는 것은 아니다. 다만 가능성을 염두에 두고 전조 증상을 가끔씩 점검한다면 실제로 그런 상황이 닥쳤을 때 당황하지 않고 남보다 잘 대응할 것이 분명하기 때문에 평소 생각해둘 필요는 있다는 이야기다. 그리고 이런 변화를 남보다 조금 일찍 눈치챘다면 경제적으로 훨씬 앞서갈 수도 있을 것이다.

마지막으로, 한 가지를 더 언급해둔다. 대한민국 고유의 컨틴전시로는 북한의 존재도 있다. 북한이 전쟁을 일으킬 상황도 고려해야겠지만 반대로 북한이 어느 순간 스스로 무너진다면, 그래서 독일의 경우처럼 통일이 갑작스럽게 일어난다면 어떤 경제적 행동을 취할 것인가도 미리 생각해둘 필요가 있다. 북한이 붕괴해 통일이 된다면 당신은 가족들을 이끌고 북한의 평양이나 원산으로 이사를 할 수도 있다는, 그런 컨틴전시도 한번 고려해볼 수 있을 것이다. 이런 여러 가능성을 미리 생각해둔다면 실제로 그런 상황이 일어났을 때 더 효과적으로 대처할 수 있다. 설사 그런 컨 틴전시가 현실이 되지 않는다 해도 그런 '경우의 수'들을 생각해 보는 것만으로도 충분히 흥미로운 주말 한때를 보낼 수 있지 않 을까?